元国税専門官がこっそり教える あなたの隣の億万長者

富裕層に学んだ一生お金に困らない29の習慣

元東京国税局
小林義崇

ダイヤモンド社

元国税専門官がこっそり教える　あなたの隣の億万長者　目次

序章　億万長者の「お金」と「相続」のリアル

イメージとはまったく違う富裕層の実態 —— 10
資産10億円でも傷だらけの軽自動車に乗る!? —— 13
日本の億万長者はトップ3・5% —— 16

第1章　【家計】富裕層は驚くほど質素に暮らす

習慣1　富裕層は1円たりとも死に金を使わない —— 20
電話代さえケチるからお金が貯まる —— 20
いくら安くても価格に見合わなければ買わない —— 25
少々高額でも高品質のものを買って長く使う —— 31
実は好き勝手にお金を使えない —— 33

習慣2　富裕層はお金の情報を家族とシェアする —— 37
家族とお金の情報をシェアして過度な出費を防ぐ —— 37
「誰がお金を管理していたか」は必ずチェック —— 41

習慣3　富裕層は本業でしっかり長く稼ぐ —— 45

実はマッサージ師や職人が富裕層だったりする 45
脱税したまま生涯を終える人もいる 50

習慣 4
富裕層は年金もしっかりもらう 55
お金持ちでも年金は頼りになる 55
戦略的に収入を得ながら年金をもらう 58

習慣 5
富裕層はギャンブルをしない 63
ギャンブルよりも投資でお金を増やす 63
ギャンブルでお金を失っても証拠を残す 67

習慣 6
富裕層は保険をうまく利用する 71
生命保険を相続税と遺産分割に活用する 71
生命保険を遺言代わりにする 75

習慣 7
富裕層は寄付をする 78
公共心が高い人が多い 78
節税対策として寄付をする 82

第2章

【資産運用】富裕層ほど投資で儲かりやすい

コラム1 富裕層のへそくり事情 ―― 85

習慣8 富裕層は預金をしっかり保有する ―― 90
1000万円ずつ複数の口座でお金を管理する ―― 90
預金だけでお金が増えたのはもう昔話 ―― 94

習慣9 富裕層は株式や不動産に投資する ―― 97
富裕層ほど投資で儲かりやすい ―― 97
労働から投資へのシフトで「1億円の壁」をこえる ―― 101

習慣10 富裕層は不動産投資で経済基盤を強固にする ―― 106
不動産をもつ富裕層がやっぱり強い ―― 106
賃貸物件で〝お得な節税〟をする ―― 111

習慣11 富裕層は長期的なスパンで投資する ―― 114
投資に詳しいわけではないけれど…… ―― 114
短期投資を繰り返した資産家の末路 ―― 119

習慣 12 富裕層は海外投資をする —— 124
成長する海外にも投資して国内外でリスク分散 —— 124
習慣 13 富裕層は自社株をもっている —— 129
わずか1円が億単位の資産になり得る —— 129
習慣 14 富裕層は分散投資でリスクを抑える —— 133
分散投資は世界の富裕層の常識 —— 133
投資信託を使えば簡単に分散投資できる —— 137
習慣 15 富裕層は借金を資産形成に生かす —— 143
生活のためではなく投資のために借金する —— 143
習慣 16 富裕層は税負担の軽い退職金で財産を増やす —— 147
退職金は最大の節税チャンス —— 147
iDeCoで退職金を増やす —— 148
コラム 2 富裕層の「タワマン節税」を国税が狙う —— 152

第3章 【生活】富裕層は大きな犬を飼う？

習慣17 富裕層は賃貸でなく持ち家に住む ― 156
年収と持ち家率は比例する ― 156
ワケがあって家が広い ― 159
習慣18 富裕層は都会に住む ― 163
100億円超の申告は東京に集中している ― 163
再開発で価値が高まる都市を選ぶ ― 168
習慣19 富裕層は資産形成につながる趣味をもつ ― 174
国税職員が富裕層に必ず趣味を聞くワケ ― 174
仕事がいちばんの趣味になる ― 176
習慣20 富裕層は人間関係の構築にお金を使う ― 180
富裕層たちが集まる高級会員制クラブ ― 180
習慣21 富裕層はペットを飼う ― 183
あえて〝守るもの〟をつくる ― 183

第4章 【家族】富裕層は教育費に糸目をつけない

習慣22 富裕層は礼儀と警戒心をあわせもつ 187
「金持ち喧嘩《けんか》せず」は本当だった 187
キャリア官僚の妻のプライド 190
適切に「疑いの目」をもつ 192
習慣23 富裕層は貸金庫で財産を守る 195
なぜ銀行の貸金庫を使うのか？ 195
習慣24 富裕層はトラブルを専門家の力で解決する 198
税理士次第でリスクが変わる 198
コラム3 富裕層の家はやっぱり広い 201
習慣25 富裕層は税負担を避けて家族にお金を渡す 206
家族に毎年１００万円のお小遣いをあげる 206
習慣26 富裕層は家族の住宅取得を支援する 209

家族の自宅購入は節税のチャンス 209

習慣 27
富裕層は教育費に糸目をつけない 214
お金の格差を感じた大学時代 214
富裕層の家系は高学歴・大手企業勤務が多い 217

習慣 28
富裕層は遺産争いを絶対に避ける 222
遺産争いは富裕層より一般家庭が多い 222

習慣 29
富裕層は自分の人生の最期を自分で考える 226
入居費用が「億」を超える老人ホーム 226
高級老人ホームに入る富裕層の心理 229

コラム 4
富裕層は家族の人数が多い 233

おわりに 236

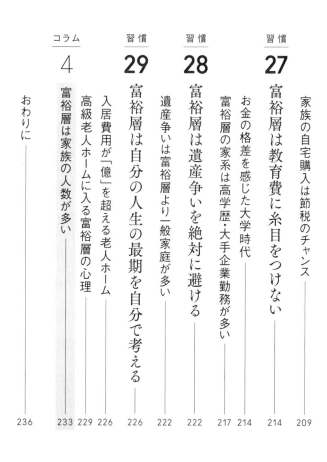

序章

億万長者の「お金」と「相続」のリアル

イメージとはまったく違う富裕層の実態

「富裕層」と聞くと、どんなイメージが浮かぶでしょうか？

高級ブランドのファッションに身を包み、自宅のガレージに何台もの外車が並び、アーリーリタイアを果たして頻繁に海外旅行に出かける――。

もし、あなたが富裕層に対してそのようなイメージを抱いているのであれば、**事実とはまったく異なります**。

むしろ生活ぶりは質素で、服装も極めて普通。一見しただけでは、富裕層と一般の人を見分けることはできません。

これが、東京国税局で相続税調査を担当し、数多くの富裕層に接する機会を得た私が、最初に驚いたことでもありました。

それまでの私は、母子家庭に育ち経済的に恵まれなかったこともあり、富裕層を遠い存在に感じていました。

大学卒業まで暮らした地元の福岡を離れて、東京国税局に就職する決断をしたのは、金銭的な理由によります。

高校・大学と**合計１０００万円に迫る奨学金（一部有利子）の返済義務を背負ってしまった**私は、社会人になるにあたって「安定的な収入を得る必要がある」と考えました。

そこで公務員になることを目指し、大学時代に独学で、国家公務員Ⅱ種と国税専門官の試験勉強をして合格することができました。そして、福岡の役所に勤めることもできたのですが、親元を離れて上京することを決断したのです。

それには、こんな理由がありました。

公務員の募集要項を読んだところ、東京国税局の国税専門官として採用されれば、福岡で国家公務員として働くよりも、月給が3万〜4万円ほど高いことを知ったのです。

「この収入であれば、なんとか奨学金を返せる」と考えたわけです。

金銭的な事情で人生の大きな決断を下した私は、**「どうすればお金に悩まされずに済むのだろう？」**と漠然と考えてきました。そして、**「富裕層のことを知れば、なにかしらの答えを得られるのではないか？」**と思い至ったのです。

結果として、この考えに間違いはありませんでした。

これから本書でお伝えするとおり、億単位の資産をもつ富裕層も、その人生をたどれば、仕事をして、倹約に努め、地道に資産を蓄えてきた人ばかりです。

なにか特殊なことをしたというよりは、節度をもって生活をした結果として、金銭的な余裕をもつに至った。そのようにして人生の選択肢を増やしてきた人が富裕層の大半だと、私は理解しています。


国税職員のなかでも相続税を担当するのは1割ほどですから、情報が表に出てくることはほとんどありません。

私が10年ほど携わった相続税調査が、ほかの税金の調査と明らかに違うのは、個人のプライベートに踏み込むことが非常に多いという点です。

「どのようにして巨額の財産を築いたのか?」という観点で調査をするため、亡くなった方の職業や収入はもちろん、個人的な趣味や交友関係といったことにも目を向けます。

この仕事を通じて私は、**ほとんど表に出ることのない富裕層の家計や暮らしぶりなどの〝リアル〟を知ったのです。**

資産10億円でも傷だらけの軽自動車に乗る⁉

相続税調査の対象となるのは、日本のなかでも、ごくひと握りの人に限られています。現在は税制改正を受けて、日本人の年間死亡者の約10％が相続税の申告をしていますが、私が税務調査をしていた頃は約4％にとどまっていました。

しかも、相続税を申告したすべての人が税務調査の対象となるわけではありません。基本的には、財産が多い人ほど調査対象となる可能性が高く、その意味で私は**日本のトップクラスの富裕層の〝リアル〟を知ることができた**と思っています。

そうした気づきを、私が運営しているYouTubeチャンネル『フリーランスの生活防衛チャンネル』で「【お金のリアル】税務職員が見た、富裕層の共通点（投資・仕事・生活）」というタイトルで公開しました。

私のチャンネルでは、普段はフリーランスの方々に向けての情報を発信しています。たとえば節税や確定申告、補助金などの情報を扱っているのですが、あるときふと、「お金持ちのリアルな姿について話してみよう」と思い立ったのです。

動画を公開した後の反響は、驚くばかりでした。過去の動画の数百倍のペースで急速に視聴回数が伸びていき、フリーランスの方々だけでなく、さまざまな立場の方に見ていただいたようです。

その動画を見たダイヤモンド社の編集者から連絡をもらい、本書の出版に至りました。

あの凄まじい反響を経験して感じたのは、**世のなかの多くの人が富裕層の実態について興味をもっていること**。そして、**富裕層の行動様式には、人生をよくするヒントがたくさんあるということ**でした。

私は、そのＹｏｕＴｕｂｅ動画に寄せられた数百件のコメントを読み、私が理解した富裕層の実像に間違いがなかったことを確信しました。

そこで、いくつかのコメントを編集してご紹介します。


◉実は資産家ですが、おっしゃるとおり節約家ではなく倹約家として過ごしています。あとは、寄付金として社会に還元することを続けています。

◉医師として開業していますが、乗っている車は傷だらけの軽自動車1台だけです。

◉この動画でいうところの〝お金持ち〟に属する人間ですが、おおむね当たっていると思います。生活は人並よりも質素だと思いますが、必要性を感じないだけでけっして無理してケチっているわけではないです。

◉叔母は裸一貫から1代で巨刹《きょさつ》（大きな寺）を建立した僧侶でしたが、その生活はやはりティッシュ1枚の使い方に至るまで質素なものでした。

◉夫の実家が相続の際、資産が10億円ほどありましたが、生活の足はほとんど軽自動車を使っていましたし、外食もなるべく控えていました。

◉私が勤める会社の社長部屋を覗《のぞ》いたら、社長が愛妻弁当（?）を食べていました。会社の年商からは想像できませんでした。

◉金融資産100億円以上の超富裕層を担当していた元プライベートバンカーですが、まったく同意します。つけ加えるとしたら「無駄な見栄は張らない」ということでしょうか。高級車やハイジュエリーなどの贅沢《ぜいたく》に一喜一憂しているのは、背伸びをした小金持ちさんたちでした。

◉資産数億円から数十億円の知り合いが何人かおり、資産価値のあるところに住んでいますが、驚くほど質素な生活です。ブランド品もほとんど買わない。「なんでも買えるけど買う価値を感じない」と。面白いことに、みんな「死に金は1円でも使うのが嫌」といいます。コーヒー1杯分でさえも。「生き金」というのは、投資や良好な人間関係のなかで使うお金なのだそうです。

本書でこれから紹介する富裕層の実態は、このように実際の富裕層や富裕層を目のあたりにした人も納得することのようです。

富裕層の習慣は、誰でもとり入れられるものです。これは将来に対する不安が高まっている時代に生きる私たちにとって、とても力になることだと思います。

日本の億万長者はトップ3・5%

こうした富裕層の実像について、本書では余すところなくお伝えしますが、その前に「富裕層」という言葉について、ある程度の定義をしておきたいと思います。

クレディ・スイスが発表した「グローバル・ウェルス・レポート2021」によると、100万米ドルから5000万米ドルの資産を保有する層を富裕層と定義しています。

2020年の日本において100万米ドル超の資産をもつ成人の数は366万2000人で、全成人に占める割合は3・5%ですから、私が相続税調査をしていた層と重なっていると思われます。


これらの点を踏まえて、本書では**「1億円超の資産をもつ人」**を富裕層とします。日本では昔からお金持ちのことを「億万長者」といいますから、少なくとも億単位の資産をもつ人を想定して、話を進めていきます。

もう1つ、「相続税がかかるのは、亡くなった時点で多額の財産をもっていた人」という点も重要です。

一時的に高収入を得ることができても、亡くなる時点まで億超えの資産を保持できるとは限りません。生活費や教育費、税金など、さまざまな支出を乗り越え、なおかつ億単位の資産をもって亡くなった方たちは、非常に稀有な存在といえるでしょう。

豊かな財産をもちながら生涯を終えた富裕層には、いくつかの共通点があります。**彼ら彼女らの行動様式を知ると、富裕層になるべくしてなったことがわかる**はずです。

こうした富裕層の共通点をテーマに、本書では、**「家計」「資産運用」「生活」「家族」**の4つの切り口でお伝えします。

さらに、これらの共通点と合わせて、相続税に関するポイントもとり上げていますので、**本書は相続税への備えにも活用できます**。

富裕層の共通点は興味深く、ここから学べることは少なくありません。ぜひ、気軽に楽しみながら読み進めてください。

第1章

【家計】富裕層は驚くほど質素に暮らす

習慣

1 富裕層は1円たりとも死に金を使わない

電話代さえケチるからお金が貯まる

「電話を折り返してください」

都内の税務署に若手職員として勤務していた私は、相続税について相談したいという女性から、たびたび電話を受けていました。

その女性は、いつも名前と電話番号を私に告げるや否や折り返しを求めて電話を切るのです。

最初に相談を受けて話を聞いたとき、ざっと計算しただけで、その女性は数億円単位の財産を相続しており、確実に相続税の申告が必要であることがわかりました。

そのことを説明してから、たびたび電話で疑問点を尋ねてくるようになったのですが、そのたびに折り返しの電話を求めてきたわけです。

ある日、その女性との長電話を終えた私は、近くの席にいた50代のベテランの先輩に、**「億単位の財産を相続しても、電話代が惜しいんですかね」**と、ついこぼしてしまいました。するとその先輩は、「コバちゃん、わかってないね。そういう奥さんがいたから、億単位の財産が貯まったんだよ」と笑い飛ばしたのです。

まだ新人だった私にはピンときませんでしたが、数十年にわたって相続税調査を経験した先輩にとって、お金持ちの人が折り返し電話を求めることは、けっして不思議なことではなかったのです。

相続税調査をはじめて経験したときも、**富裕層の質素な生活ぶりにたびたび驚かされました。**当時の私にとって、富裕層の生活など〝未知の世界〟です。

私が育ったのは福岡県北九州市の市営団地が建ち並ぶエリアで、周囲にお金持ちはいませんでした。

私にとってお金持ちのイメージといえば、漫画やアニメで見た『おぼっちゃまくん』の世界観です。

家には執事やお手伝いさんがいて、欲しいものはなんでも買ってもらえる。そんな自分とは別世界の人々だとしか想像できなかったのです。

はじめての相続税調査で富裕層の自宅を訪問するまでは、「億万長者だから、きっと派手な生活をしているだろう」と、不謹慎ながら豪勢な生活ぶりに触れることにワクワクしていたのですが、実際に調査に入ると、その期待はあっさりと裏切られました。

拍子抜けするほど、普通の暮らしぶりだったのです。

相続税調査は、基本的に公務員の勤務時間内の朝10時頃から夕方の4時頃まで行われます。訪問先からは迷惑がられることが多いのですが、仕事なので仕方ありません。

午前中は相続人の方から聞きとり調査をして、お昼の休憩を挟んで、午後からは「現物確認」をするのが基本的な流れです。

現物確認というのは、相続税申告に関する資料などを確認する作業のことです。具体的には、**預金通帳や土地の権利書などに目を通して、申告内容に漏れがないかをチェック**します。そして、最後にあらためて質問をするなどして、その日の調査は終了します。

私は上司から指導されて、「現物確認のときは資料をもってきてもらうのではなく、資料の置き場所に案内してもらう」ということを徹底していました。

というのも、資料をもってきてもらうと、資料の一部を隠されるおそれがあるからです。そのため、あえて資料の置き場所まで案内してもらいつつ、部屋のなかに怪しいものがないかどうかもつぶさにチェックするのです。さらには、その部屋に案内されている途中、ほかの部屋もさりげなく見て、骨董品や金庫などの財産がないか、目を光らせます。

このような経験を通じて感じたのが、富裕層の家には、あまりモノがなく整然としているということでした。

広い家が多いものの、高級家具や骨董品がたくさん並んでいるわけではありません。**普通の家よりも、むしろスッキリした印象**なのです。

富裕層に対する質素な印象は、その後、何度となく相続税調査をしてからも、大きく変わることはありませんでした。

結局、東京国税局の職員を退職するまでの13年の間に、何台もの高級車やプール、プライベートジェットといった、いわゆる〝お金持ちアイテム〟を目にすることは一度もありませんでした。

国税職員が調査相手の暮らしぶりに目を向けるのは、**遺産の金額を推測するヒントになる**からです。

たとえば「被相続人が死亡する3年前に、不動産を売って1億円を手にした」という情報を得ていたとしましょう。すると、国税職員はその1億円が死亡日にどれくらい残ったかを推測するために、生活費などをヒントにします。

だからといって、いきなり「毎月の生活費の支出を教えてください」といっても警戒されますから、亡くなった被相続人の通帳を見せてもらったり、趣味を聞いたりしながら、生前のお金の使い方を推し量ろうとするのです。

話を聞いて豪華な生活をしていることがわかれば、「生前に財産を使い切ったのだな」「これ以上調べても相続税の申告漏れ財産はなさそうだ」と納得するのですが、そのようなケースは稀《まれ》です。

むしろ、年金や不動産賃貸などによる収入以内に生活費を抑えて、亡くなる直前まで資産を増やし続けていたケースが少なくありませんでした。

「お金を稼ぐ」ことが富裕層の条件と思われがちですが、**「お金を守る」**ということにも力を入れなければ、富裕層として生涯を終えることは不可能です。

電話代のような細かい費用であっても、徹底して支出を避ける意識こそが、富裕層の第一条件なのかもしれません。

いくら安くても価格に見合わなければ買わない

おそらく多くの人が思い浮かべる富裕層の生活とは、衣食住にお金をかけた、俗にいう〝贅沢な生活〟ではないでしょうか？

毎日のように高級レストランで食事をして、シーズンごとに流行のブランド品を身につける。そのような印象をもっているのなら、それは明らかに間違いなのです。

「お金が増えると生活レベルが上がる」というのが一般常識ですが、これは必ずしも正しくありません。

ノーベル経済学賞受賞者である心理学者ダニエル・カーネマンらの研究結果によると、収入と幸福度は比例するものの、**年収7万5000ドル（約800万円）で収入アップによる幸福度の上昇は、ほぼ頭打ちになる**といいます。

一般の人からすれば、お金はあればあるほどいいと思いがちですが、そうとは限らないのです。たとえば食費を2倍かけたからといって、人生の幸福度が2倍に高まるわけではありません。食べられる量には限りがありますし、質素な食事でも十分に満足できる人もいるでしょう。

私が思うに、富裕層はお金をかけるべき物事を見極め、必要以上の食費など、効果の見込めない支出は控えています。

これはケチということではなく、**「いくら安くても価格に見合わなければ買わない」**といったふうに無駄な支出を意識的に避けているということです。

私が相続税調査のときにまず気になったのが、庶民的な服装でした。見た目だけでは、億単位の資産を相続した人には見えません。

身につけている洋服のブランド名を尋ねたわけではありませんが、ユニクロや無印良品などのような**カジュアルなファストファッション風の服装が多かった**です。

もちろん、税務署の人が来るからといって、オシャレをする人はあまりいないと思いますが、それにしても見た目が普通であるのは驚きでした。

総務省の「家計調査」にある消費支出のデータからも興味深い事実がわかります。次ページのグラフでは、すべての世帯を収入の低い方から第Ⅰ・第Ⅱ・第Ⅲ・第Ⅳ・第Ⅴ階級に分けて、生活費の実態を調査しています。

ここから読みとれるのは、**収入レベルが上がるにつれ、総支出に占める食費、住居費、水道光熱費の割合が下がっていること**です。やはり、収入が2倍になったからといって、食費を2倍かけているわけではないということです。

私は、「家計簿をきちんとつけている」という富裕層を何度か目にしたことがあります。

収入別1か月平均消費支出の構成（全世帯）

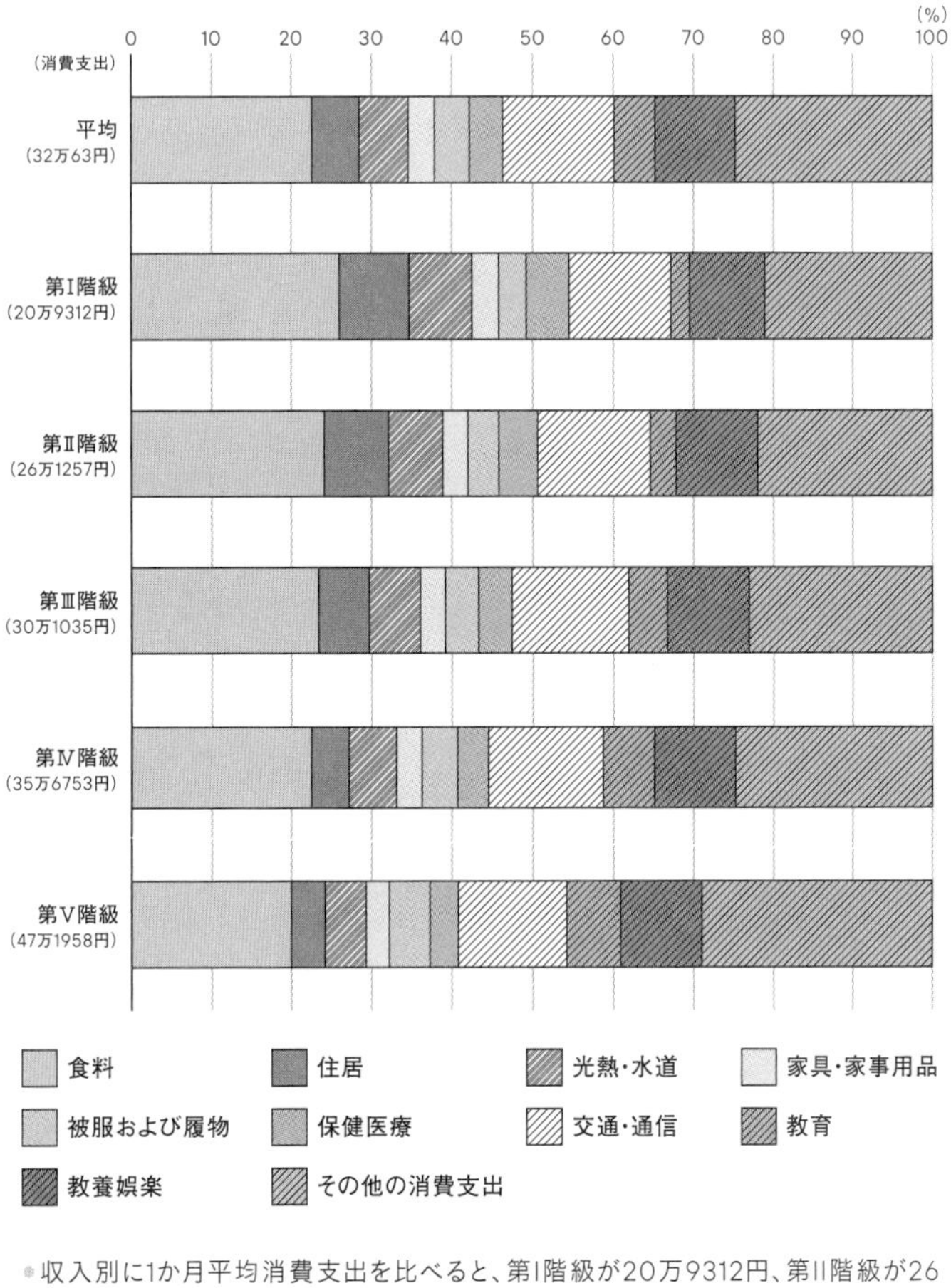

- 収入別に1か月平均消費支出を比べると、第Ⅰ階級が20万9312円、第Ⅱ階級が26万1257円、第Ⅲ階級が30万1035円、第Ⅳ階級が35万6753円、第Ⅴ階級が47万1958円となっており、第Ⅴ階級の消費支出は第Ⅰ階級の2.25倍となっている
- 年間収入別に各費目の消費支出に占める割合をみると、食料、住居、光熱・水道、保健医療は収入が高くなるに従って低くなっている一方、被服および履物、教育、交際費などの「その他の消費支出」は収入が高くなるに従って高くなっている

出典：総務省統計局

億単位の資産がありながら、普段の食費や光熱費などの家計簿をつけているのです。

そうした話を聞くと、「お金持ちなんだから、家計簿は必要ないのでは?」とつい思いがちですが、きちんとお金を管理する姿勢がなければ、億超えの資産を築くことは難しかったのでしょう。

以前、ファイナンシャル・アドバイザーの方に聞いた話ですが、**中途半端に収入が高い人のほうが、お金の管理ができていない**とのことでした。

収入が少ない人は、赤字にならないように日々の食費などを管理せざるを得ません。しかし、ある程度の収入があれば、「どうせ大丈夫だろう」という気持ちから、家計の管理が適当になり、効率的に資産を増やすことができないのです。

ちなみに、**高収入になるほど総支出に占める割合が増えている費目の1つが「教育費」**です。実際、富裕層は教育費にお金をかける傾向があります。この背景については、第4章でとり上げたいと思います。

私も富裕層にならって生活レベルを上げすぎないように日頃から注意しています。

フリーランスの収入は不安定ですが、時に大きな収入が入ってくることがあります。私の場合、独立して3年目に著作がヒットして、その翌年の収入が大幅にアップしました。

公務員時代の月給の数倍もの金額が毎月のように銀行口座に入り、つい海外旅行や高い買い物をしたくなったのですが、そこはグッと我慢。その代わり、住宅ローンの繰り上げ返済や投資信託の購入などにあてました。

今から思えば、あの判断は100%正解でした。というのも、間もなく私の収入は激減してしまったからです。コロナ禍でインタビューや取材などの依頼がなくなり、急に仕事がなくなってしまったのです。

コロナ禍を経てオンラインでの取材が普及し、現在は多くの仕事をいただけていますが、厳しい時期を乗り越えられたのは、ある程度お金をとっておいたからです。

このように〝一寸先は闇〟なのは、私のようなフリーランスに限った話ではありません。コロナ禍であらわになったように、**働き方や収入が突如として変わってしまう事態は、誰にでも起き得ます。**

いったん上げた生活レベルを落とすのは簡単なことではありません。常日頃からある程度の倹約に努めることで、生活レベルをむやみに上げず、常に蓄えをしておくことは、先行きの見えない今こそ重要です。

私は、このことを億万長者の質素な生活ぶりから学びました。

少々高額でも高品質のものを買って長く使う

再び総務省の家計調査の結果をひもといていきましょう。次ページの資料では、2005年と2018年の数値が並んでいるので、過去と比べて富裕層のお金の使い方が変化していることを見てとれます。

2005年に行われた調査では、第V階級の「家具・家事用品」は3・9%、「被服及び履物」は7・4%だったのが、2018年の調査ではそれぞれ3・1%、5・1%と明らかな減少を見せています。

「家計調査」（総務省）の2005年と2018年の比較

	総数			第Ⅰ階級			第Ⅱ階級			第Ⅲ階級			第Ⅳ階級			第Ⅴ階級		
	05年	18年	差	05年	18年	差	05年	18年	差	05年	18年	差	05年	18年	差	05年	18年	差
消費支出	100.0	100.0	0.0	100.0	100.0	▲0.0	100.0	100.0	0.0	100.0	100.0	▲0.0	100.0	100.0	0.0	100.0	100.0	▲0.0
食料	23.9	22.2	(▲1.7)	27.1	24.9	(▲2.2)	25.9	23.1	(▲2.8)	24.3	22.7	(▲1.6)	22.8	21.0	(▲1.8)	19.5	19.3	(▲0.2)
住居	6.2	7.0	(0.9)	9.4	10.7	(1.2)	7.1	9.1	(1.9)	6.0	6.0	(0.0)	4.4	4.9	(0.5)	4.0	4.6	(0.6)
光熱・水道	5.4	7.1	(1.7)	6.5	8.8	(2.3)	5.9	7.7	(1.8)	5.3	7.2	(1.9)	5.0	6.5	(1.5)	4.4	5.5	(1.1)
家具・家事用品	3.7	3.1	(▲0.6)	3.8	3.1	(▲0.7)	3.7	3.1	(▲0.7)	3.5	3.2	(▲0.3)	3.6	3.1	(▲0.4)	3.9	3.1	(▲0.8)
被服及び履物	6.3	4.4	(▲1.9)	5.6	4.0	(▲1.6)	6.0	4.0	(▲2.0)	6.1	4.4	(▲1.7)	6.7	4.5	(▲2.1)	7.4	5.1	(▲2.3)
保健医療	2.8	3.7	(0.8)	3.5	4.1	(0.6)	3.2	3.8	(0.7)	2.7	3.7	(1.0)	2.4	3.4	(1.0)	2.3	3.3	(1.0)
交通・通信	10.8	14.5	(3.6)	10.4	14.1	(3.7)	11.0	15.7	(4.8)	10.8	15.8	(5.0)	10.8	13.7	(2.9)	11.0	12.8	(1.8)
教育	4.9	5.5	(0.6)	3.2	3.6	(0.4)	3.8	4.5	(0.7)	5.7	5.1	(▲0.6)	5.9	7.0	(1.2)	5.9	7.2	(1.3)
教養娯楽	9.7	9.6	(▲0.1)	8.9	8.2	(▲0.8)	9.8	9.0	(▲0.8)	10.4	9.9	(▲0.5)	9.6	10.6	(0.9)	9.9	10.5	(0.6)
その他の消費支出	26.2	22.9	(▲3.3)	21.5	18.6	(▲2.9)	23.6	20.0	(▲3.6)	25.2	22.0	(▲3.2)	28.8	25.2	(3.6)	31.7	28.5	(▲3.1)

出典：総務省「家計調査」

これは私の印象に過ぎませんが、**富裕層はブランド品などをむやみに買うわけではなく、いいものを買って長く使う**傾向があります。相続税調査のときに亡くなった被相続人の趣味を尋ねたところ、「革靴の手入れ」といわれることが何度かありました。

実は、私もそうした富裕層から刺激を受けて、税務職員時代に5万円以上する革のブリーフケースを買ったことがあります。当時の月給は手取りで30万円ほどでしたから、私にとってはかなり大きな買い物でした。

あれから10年以上経ちますが、そのブリーフケースは今も使い続けています。ときどき保革クリームで手入れをしていることもあり、いい具合にエージングして、買ったときよりもむしろ高級感があるくらいです。

少々高額でも品質がいいものを買うと、「大事に使おう」という意識が芽生えることも実感しました。

安物を頻繁に買い換えるのではなく、品質がいいものを買って、手入れしながら長年使い続ける。これは私が富裕層から学びとったことのなかでも、とくによかったと思っている価値観です。

実は好き勝手にお金を使えない

あるとき、相続税調査の経験を重ねるにつれて、だんだんと富裕層に対する憧れが薄れていく自分に気づきました。

なぜなら、富裕層の生活ぶりが普通の人とたいして変わらず、富裕層には富裕層ならではの悩みがあることもわかったからです。

金銭的な面に限っても、**富裕層だからといって好き勝手にお金を使えるのはごく一部**に限られます。

実は、日本の富裕層には、そもそも自由に使えるお金が少ないため、質素な生活を送っている人が少なくありません。億万長者なのにお金に不自由というと矛盾を感じると思いますが、これは確かなことなのです。

なぜそのようなことが起きるのか？　それは、**日本の富裕層の多くは、預金や株式などの金融資産より、土地などの不動産を多くもつ資産家**だからです。

なかには、億単位の資産規模の大半が土地で、現預金は数百万円程度といったケースもありました。不動産は紛れもなく資産ですから、1億円の金融資産をもっている人も、時価1億円の不動産をもっている人も、同じく億万長者です。

しかし、金融資産と違って、不動産はお金を生み出してくれるとは限りません。たとえ不動産を所有していても、有効活用しなければ現金は得られず、むしろ固定資産税や修繕費などの支出がともなうので、家計が圧迫されるおそれさえあります。

所有する土地にアパートなどの賃貸物件を建てて現金収入を得ようにも、立地によっては入居者が見込めず、空き地として放置せざるを得ないケースも少なくありません。

しかも、そうした利用価値のない土地も含め、将来的には相続税の対象になるわけですから、納税のための現預金も残しておかなければいけません。

このように考えると、見た目上は億万長者であっても、お金の制約があり、気兼ねなくお金を使えるというわけではないのです。


米国の行動経済学者が提唱した「プロスペクト理論」では、人は損をしたときに大きな精神的苦痛を受けるといいます。**儲かったときの喜びに比べて、損をしたときの苦痛のほうが約2倍大きい**というのです。

それだけ人には、損失を避けようとする強い習性があるということ。損失を避けようとして保守的な判断をしがちだともいえます。財産が減ることをおそれるがゆえに、富裕層には質素な生活の人が多いともいえるでしょう。


私が相続税の申告漏れや脱税を指摘したとき、とくに激しい抵抗を見せたのが、専業主婦などの〝収入のない相続人〟でした。

収入がないということは、自分の生活を遺産に頼らざるを得ません。その遺産がわずかでも減るのをおそれ、脱税などの脱法行為に出てしまうことがあるのです。

しかし、その代償として高い追徴税を課されるので、結局は合理的な判断とはいえません。ある意味、追い詰められた末の行動なのだと思います。

私のような一般人からすると、多額の遺産をもらえる人をうらやましく感じますが、だからといってお金に関する心配がゼロになるわけではないということです。

私が思うに、お金を多くもっているだけでは安心できません。やはり、お金を稼げている状態を続ける必要があります。

後ほどあらためて説明しますが、一生食べていけるだけの資産をもつ人でも、実は仕事や投資などで、継続的にお金を増やそうとしています。それは、子や孫に財産を残したいという理由だけでなく、お金が減り続ける状態が精神的に辛いからでしょう。

そのことに気づいた私は、**多額の遺産をもらう人に対してうらやむ気持ちがなくなりました。** 結局は誰もが自分自身でお金とのつき合い方を考えて、理想に近づく努力をしなくてはならないのです。

習慣

2

富裕層はお金の情報を家族とシェアする

家族とお金の情報をシェアして過度な出費を防ぐ

富裕層の家庭を見ていると、お金を稼いでいる人がみなお金に執着しているかというと、そうではないことがわかります。むしろ、**本人はお金に無頓着で、家族がしっかり管理しているという傾向があるのです。**

私が相続税調査をした家庭は、夫が働き、妻が家庭を守るのが一般的な世代でした。このような場合、夫は「お金を稼ぐ人」、妻は「お金を守る人」という役割分担ができています。

そういう家庭には妻という〝お金の管理者〟がいるので、「お金を稼いだ夫が亡くなった」という状況であるにもかかわらず、相続税調査をすれば必要な情報のほとんどが集まりま

高齢者のお金の管理は誰がしていますか?

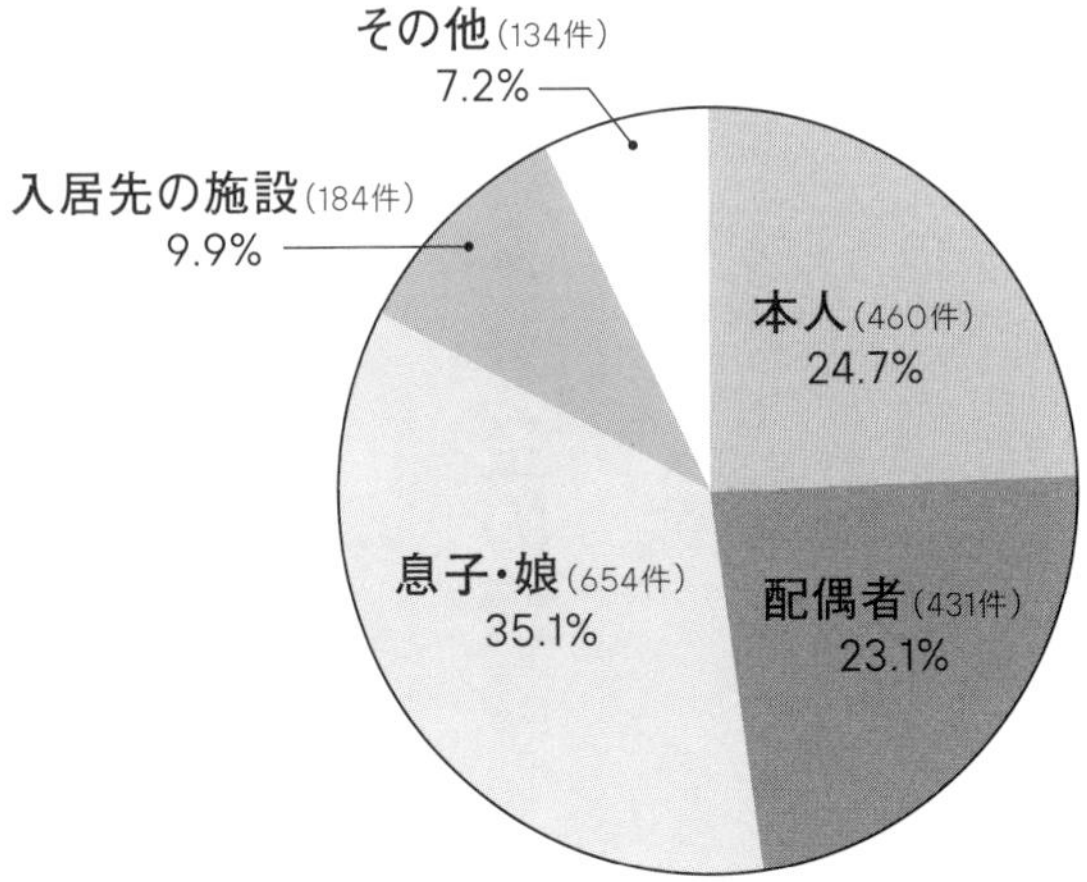

出典：「みんなの介護」アンケート調査

す。

私が携わったケースでは、妻だけでなく、同居の子が家計を管理していることも多かったです。ですから、通帳を見て「この出金は、なにに使ったのですか？」といった質問をすると、ある程度確かな答えを得ることができました。

老人ホーム検索サイト「みんなの介護」によるアンケート調査によると、**自分でお金を管理している高齢者は24・7%に過ぎません。**やはり多くの家庭では配偶者や子どもが家計の管理をしているようです。

家計の管理を家族に任せることは、2つの

意味で合理的です。

まずは、第三者の目が入ることで無駄遣いが減ります。

イギリスの政治学者パーキンソンが唱えた「パーキンソンの法則」では、「支出は収入の額に達するまで膨張する」ことが示されています。つまり、人はお金があると思うと、そのお金を使い切ってしまう傾向があるということです。

そのため、家族にお金の管理を任せることが、過度な消費を防ぐことにつながります。

私が以前インタビューをした資産管理アドバイザーの方も、**「お小遣い制にしたほうが、結果的に家庭のお金が残りやすい」**と教えてくれました。

家族に家計管理を任せるもう1つのメリットは、相続の手続きがスムーズに運ぶこと。

家計の管理を夫が一手に担っていたとして、その夫が突然亡くなってしまったらどうなるでしょうか？　おそらく財産を確認するだけでも、相当な日数がかかるはずです。

そして、相続の手続きは、財産確認ができないと進められないものが非常に多いです。亡くなった被相続人が残したすべての財産や債務などを把握しないと**「遺産分割協議」**を完結できません。

相続手続きのスケジュール

7日以内

必須
- 死亡届（火葬・埋葬許可の申請）

目安
- 遺言書有無の確認
- 葬儀費用の領収書等の整理・保管

3か月以内

必須
- 相続放棄・限定承認を家庭裁判所に申述
※対象者のみ

目安
- 相続人の調査・確定 ●財産の調査・確定

4か月以内

必須
- 準確定申告（被相続人の所得税申告）※対象者のみ

目安
- 遺産分割協議の開始（遺産分割協議書の作成）※
※相続人・財産の確定からすみやかに開始することを推奨

10か月以内

必須
- 相続税の申告・納付
※対象者のみ

目安
- 相続手続きの完了

出典：三菱UFJ信託銀行ホームページ

さらに、相続放棄の手続きや、相続税申告など、被相続人の財産調査が終わらないと進められない行政手続きが数多くあります。

このような手続きを期限内にスムーズに終えるには、財産などの情報を家族に残しておかなくてはいけません。

正式には遺言を残すのがいちばんですが、そうでなくとも**「財産目録」や「エンディングノート」を残す**などの準備は生前にやっておきたいものです。

私は普段から「マネーフォワードME」という家計管理アプリを使って、預金口座や証券口座などの情報を一括管理しています。

このアプリには妻もログインできる状態に

しているので、どの口座にどれくらいの残高があるかを、いつでもスマホやPCで確認できます。

アプリを使うと便利ですが、シンプルに紙のノートやExcelシートなどで、自分たちの財産をリスト化しておくだけでも役立つでしょう。

すべての情報を整理しようとすると面倒に感じますが、主要な銀行や保険会社などの名前をリストアップするだけなら、1時間もかからず終わるはずです。

その情報があるだけでも、家族になにか起きたとき、さまざまな手続きがはるかにスムーズに進みます。これを機会にとり組んでみることを強くおすすめします。

「誰がお金を管理していたか」は必ずチェック

国税職員は、**「家計を誰が管理していたか?」**という点に注目します。なぜなら、これが相続税調査を左右するからです。

家計の管理者を聞く裏には、**「脱税行為をすることができたのは誰なのか？」**という意図が隠されています。

たとえば、相続税調査の過程で、「亡くなる3か月前に1000万円の預金が引き出されて、相続税の申告財産から除かれていた」という事実を把握したとしましょう。

これを相続税逃れのために行ったのであれば、明らかな脱税行為です。この場合、「重加算税」といって、もっとも重たいペナルティが課されることになります。

ちなみに**税率は過少に申告していた場合は35%、申告をしていなかった場合は40%**と高くなっています。

でも、亡くなった人が預金を引き出していて、相続人は一切知らなかったならどうでしょうか？　この場合は脱税というよりも、過失による申告漏れですから、ペナルティが軽くなります。

こうした判断をするうえで、冒頭の「家計を誰が管理していたのか」という点が重要になってくるのです。

同じ意味で、**「亡くなった人の意識がいつまであったのか」**という点も、相続税調査で聞かれることの多い質問です。

ところがこの質問は、私が税務職員の頃にいちばん抵抗を感じたものです。亡くなる直前の様子というのは、家族にとって思い返したいことではないでしょうし、赤の他人に踏み込まれたくないことだと思ったからです。

でも、きちんと調査をするには、この質問も避けては通れません。

たとえば、亡くなる10日前に意識を失っていたのに、預金が亡くなる3日前に引き出されていたとします。こうなると、亡くなった人がお金を動かしたとは考えられません。

そして、家族の誰かが財産を隠したのではないか、という仮説が立ちます。

「家計は妻が管理していた」「夫は亡くなる10日前から意識がなかった」と説明をしたにもかかわらず、後から「その出金は夫が勝手にしたもの」といい逃れをしても通じません。

このように、**意図的に脱税したのかどうか、脱税したのであれば誰なのか**といった点まで徹底的に追及していくことになります。

「亡くなった本人に話を聞けない」という状況のなかで、家族との会話のかけひきを通じて真実を導き出していくのですから、まるで推理ドラマのような側面があります。

このような相続税調査の経験は、ライターという今の仕事にも生かされています。

私は著名人などに取材して記事や書籍にまとめる仕事をしていますが、取材で得られる情報には限りがあります。そのため、取材以外にも得た事実をつなぎ合わせて記事にする必要が出てきます。

ここで求められるのが、**事実をきちんと認識する**ということ。そして、その事実を論理的につなぎ合わせて、読者がすんなり理解できるように整えるのです。

この一連の仕事は、私が相続税調査でやってきたことに共通する点が少なくありません。相続税調査とライターの仕事に重なる点があることなど、国税職員時代は考えもしませんでした。

習慣

3 富裕層は本業でしっかり長く稼ぐ

実はマッサージ師や職人が富裕層だったりする

富裕層の職業というと、上場企業の経営者や官僚、医師や弁護士などの師士業といったいわゆるエリートの姿が頭に浮かぶ人が多いのではないでしょうか？

ある会社経営者の相続税調査をしたときのことは忘れられません。

創業者が亡くなり、あとを引き継いだ息子（社長）から話を聞く必要がありました。そこで調査のアポイントメントをとったところ、「会社に来てください」といわれました。

調査の当日、私は会社に出向いて会議室に通されたのですが、そこにはタンクトップとハーフパンツの姿の男性が、そっぽを向いてうちわで扇ぎながら座っていました。

私はなにか手違いがあったのかと思い、「社長さんにお話をうかがいたいのですが」と告げると、**ガバッと振り返り、「俺だよ！」と怒鳴られた**のです。

「億単位の資産を相続した社長」ということで、スーツ姿のいかにもエリート然としたタイプを勝手にイメージしていただけに、あのときはショックで言葉を失ってしまいました。

相続税の申告書には、「職業」を記入する欄があります。職業によって相続税の計算が変わるわけではないのですが、**職業欄の情報を税務職員は必ず気にします**。

というのも、生前の職業をヒントに、どれくらいの資産を残して亡くなったのかを推測するからです。

令和3（2021）年賃金構造基本統計調査によると、日本の職業別平均年収のトップは医師でした。2位以下はパイロット、大学教授と続き、やはり一般的に「エリート」と呼ばれるような職業が目立ちます。

ただ、相続税調査をしていると、富裕層の職業はエリートばかりというわけではありません。むしろ、私が担当した相続税事案では、官僚や大手企業勤めというケースはほぼなく、**中小企業経営者や不動産オーナー、個人事業主が多かった**のです。

たとえば、地域に密着したマッサージ師や工務店の職人など、一見すると富裕層とは結びつかない職業の人が亡くなり、その家族が相続税を申告しているケースを私は少なからず見てきました。

こうした人たちの共通点は、「定年がない」ことにあります。私が目にした富裕層の方々は、会社員や公務員が定年を迎える年齢を過ぎても、なんらかの形で収入を得ていました。事業収入や、企業の相談役としての報酬、講演料などを得て、同年代の人たちよりも多く稼いでいたのです。

中小企業庁の調査を見ると、個人事業主や会社経営者の廃業年齢は70歳代に集中しています。**80歳を超えても仕事を続けている人もそれなりの割合でいる**のです。

もちろん、お金が足りずに長く働いている人もいると思いますが、定年のある会社員よりも長く働くことで、多額の資産を築いている人も少なからずいると考えられます。

今は、かつてなく老後が長くなっている時代です。その一方で、**企業の退職金は年々減少**しています。厚生労働省がとりまとめた「就労条件総合調査」によると、大卒者の定年

定年世代以上も仕事を続ける

廃業者の年齢構成

(n=696)

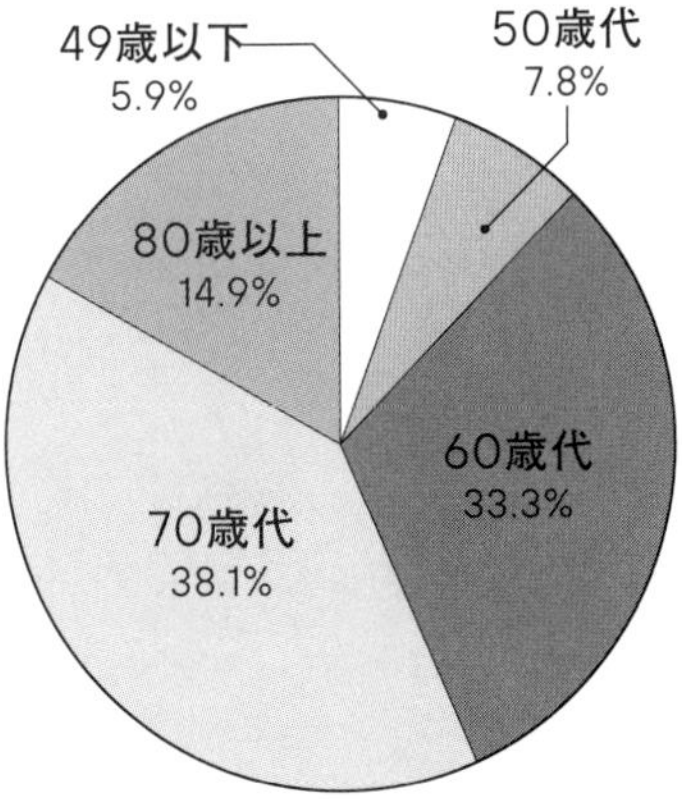

出典：中小企業庁委託「中小企業者・小規模企業者の廃業に関するアンケート調査」（2013年12月、帝国データバンク）

時の平均退職金額は、次のとおり推移しています。

大卒者の定年時の平均退職金額

2003年：2499万円
2008年：2280万円
2013年：1941万円
2018年：1788万円

　このような時代において、たとえ高収入の仕事に就いたとしても、65歳頃に定年退職をして無収入になると、亡くなるまでに財産を使い切ってしまうおそれがあります。

　富裕層でなくても、なんとか老後の生活費を確保するためには、**定年のない仕事をし、**

健康に気をつけながら、できるだけ長く働く。これが人生100年時代における1つの戦略といえます。

私が国税職員を辞めてフリーライターとして独立するとき、周りの人たちから、とても心配されました。家族がいますし、奨学金や住宅ローンも抱えているので、公務員という安定的な職業を捨てるのは、正気の沙汰とは思えなかったようです。

なかには独立を応援してくれる人もいたのですが、「お金よりもやりたいことをやるほうがいいよ」といった言葉で励まされることに、少し違和感がありました。

なぜなら私は、やりたいことをしながら、お金もしっかり稼ぐつもりでいたからです。**相続税調査を通じて富裕層の実態を知ったことで、独立が金銭的にも成功への足がかりになる**と考えていました。

公務員には定年がありますが、フリーランスには定年はありません。やろうと思えば、死ぬまで働けますし、いったん本を書きあげて、それが売れ続ける限り、「印税」という不労収入を得ることもできます。これは株式投資における「配当金」のようなものです。

結果は人生が終わるときまでわかりませんが、少なくとも私は公務員を辞めて、フリーライターになったことを後悔するどころか、大きな成長への足がかりにしたいと思っているのです。

とはいえ、私は誰もがフリーランスになるべきとは考えていません。もちろん会社員や公務員として、定年まで勤めあげるのも立派なことだと思います。

どのような働き方であっても、本業や副業などで自分の経験や知識を養って、自分の市場価値をつねに高める視点をもつことは大切です。

これは、働き方が多様化して、定年後の人生も長い現代において、一生お金に困らないための基本戦略だと思います。

脱税したまま生涯を終える人もいる

あってはならないことですが、**富裕層のなかには、〝税金逃れ〟を続けてお金持ちになっ**

た人もいます。このことも、富裕層の職業に中小企業経営者や個人事業主が多いことに関連しています。

みなさんは、「クロヨン」という言葉を聞いたことはあるでしょうか？　これは、自営業や農業従事者に比べて、会社員（給与所得者）の税負担が重いことを指す言葉です。

所得に対してとられている税金が、給与所得者、自営業者、農業従事者で、おおむね「9：6：4」になることから、クロヨンといわれるようになりました。

職業別の税負担に公式な統計はありませんから、9：6：4に数字としての具体的な根拠はありません。しかし、税金の構造として、**自営業者のほうが会社員よりも税負担が低くなりやすい**ことは否めません。

会社員の場合、勤務先を通じて毎月の給料やボーナスから「源泉徴収」という名の税金をとられています。この税金から逃れることは、ほとんど不可能です。

私も公務員の頃を振り返ると、税務職員であるにもかかわらず、自分自身の税金については、ほとんど考えたことがありませんでした。

「税金は勝手にとられるもの」という意識だったのです。

しかし、自営業者の場合、毎年の「確定申告」の内容次第で納税額が変わります。そして、ある程度の知識があれば、「節税」することができます。

私は個人事業主として独立し、その後、「法人成り（法人化）」したのですが、公務員時代と打って変わって節税について考えるようになりました。

活用できる節税方法をきちんと使わなければ、多額の税金に耐えかねて商売をたたむ可能性もあるわけですから、真剣です。

もっとも、正当な節税であればいいのですが、法律に違反した方法で税負担を避けることはけっして許されません。

たとえば、仕事とは関係のないプライベートの支払いを税金上の経費として申告する。あるいは意図的に確定申告をしないで税金を逃れる。そのようなケースが、自営業者の場合はよく見られるのです。

もちろん、こうした自営業者に対して、税務署は税務調査をして厳正に対処します。ところが、日本全国に１０００万人以上いるとされる自営業者のすべてを税務調査することは、事実上不可能なのです。

そのため、**本来納めるべきだった税金を納めずに生涯を終える自営業者**が出てきます。つまり、税負担を逃れた結果として多額の財産を築いた富裕層が現実にいるわけです。

ここで重要になるのが、相続税調査なのです。私が税務職員になったとき、先輩職員から**「相続税は最後の砦」**といわれました。これは相続税調査を担う職員の間で、伝統的に引き継がれている言葉です。

人生には常に納税がつきまといますが、相続税が最後の機会になります。もしこの機会にとるべき税金をとらなければ、もはや税金を回収するチャンスは失われてしまいます。

このような背景があるからこそ、相続税調査をする国税職員は徹底的に過去のお金の流れを含めて調査するのです。

国税職員には2つの立場があります。1つは行政サービスを提供する立場、もう1つは〝税金逃れ〟の脱法者たちを取り締まる立場です。いわば、仏と鬼の顔を使い分けているのです。

私は、自分でいうのもなんですが、性格は温厚なほうで、税務署ではクレームを穏便におさめるような役回りをすることがありました。

でも、税務調査の場面で嘘をつかれたり、脱税を発見したりすると、やはり厳しく対応せざるを得ません。そういうときは、相手の言葉の矛盾を指摘し、真実を話してもらうまで粘り強く説得することになります。

法律にのっとって税金を減らす「節税」と、違法に税金を減らす「脱税」は、言葉は似ていますが、まったく意味が違います。

脱税と判断されて国税職員から厳しい追及を受けるのは、シンプルにいうと「嘘をついたとき」です。財産があると知りながら意図的に隠したり、税務調査のときに偽りの発言をしたりすれば、国税職員はけっして見逃しません。

脱税が発覚すれば、金銭的なダメージを受けるのは当然ですが、**取引先や取引銀行などが調査をされることも多く、社会的信用も失いかねません。**

安易に脱税に走るのではなく、正しい知識を身につけて節税にとり組みましょう。

習慣

4 富裕層は年金もしっかりもらう

お金持ちでも年金は頼りになる

富裕層の資産をより強固にしているのが、意外にも「公的年金」です。

公的年金は老後の生活の強い支えですが、これは富裕層においても例外ではありません。

仕事や投資から得る収入に加えて年金ももらえれば、質素倹約に努める富裕層なら確実にお金が残ります。

そのため、普通は老後になると資産は目減りしていくものですが、富裕層はむしろお金が増えていくというわけです。

現状のルールでは、富裕層でもきちんと年金はもらえます。受けとれる公的年金は、現役時代の働き方や収入額によって変わりますが、１か月あたりの受取額は会社員などの厚生年金加入者で平均15万円ほど、個人事業主などの場合は約６万円が目安です。

富裕層の場合、現役時代に高い収入を得ていた人が多く、その分、厚生年金の受給額が高くなります。

現状のルールでは月給65万円、賞与１５０万円で厚生年金の最高額をもらえるのですが、会社経営者などの多くがこの水準に達しているでしょう。

この公的年金は、税金の面で優遇されています。受けとった公的年金は「公的年金等控除」を差し引いたうえで課税されるので、税負担が抑えられているのです。

たとえば65歳以上の人が年間２００万円の公的年金を受けとった場合でも、課税対象となるのは90万円にとどまります。

しかも、年金収入が年間４００万円以下の場合、「確定申告不要制度」を使うことができ、所得税の負担をさらに抑えることが可能です。

さらに、公的年金の受給資格をもつ人が亡くなった場合などは、「遺族年金」が支払われ、家族の生活の支えになってくれます。これについては税金が一切かかりません。

遺族年金は被相続人の死亡後に支給されるので、相続税の対象になると勘違いする人がいますが、そうした心配は不要です。

ときどき、「年金をもらえないかもしれないから保険料を払いたくない」という人がいますが、取材などを通じて年金制度のしくみを学んだ限りにおいても、現在の年金制度が崩壊することは、まず考えられません。

年金支給開始年齢が65歳だったものが70歳に後ろ倒しになったり、年金が減額したりする可能性は大いにあるものの、**やはり年金は心強い老後の生活の支えになってくれる**でしょう。

前述のとおり、大きな資産を築いたとしても、収入が一切入ってこず、今ある資産を切り崩していくしかない状況は不安なものです。

たしかに年金保険料を納めるのは負担感が強いのですが、老後も精神的に安心して生活できるよう、年金保険料はきちんと納めておくべきです。

戦略的に収入を得ながら年金をもらう

より多くの資産を築くには、できるだけ長く働くことが有効です。ただし60歳以降も仕事を続けるのであれば、**「在職老齢年金」のルールを押さえておく**必要があります。

在職老齢年金は、60歳以降に在職しながら受けとる厚生年金を意味するのですが、「収入が一定以上になると年金の受給額が減額される」というしくみがあります。

つまり、**働き過ぎると年金が減って損をする**可能性があるのです。

在職老齢年金の対象となるのは、60歳以降も厚生年金に加入する人です。たとえば会社経営者や会社員として、60歳以降も働き続ける人は注意する必要があります。

ここで意識しておきたいのが、受けとる厚生年金（加給年金額を除く）と、総報酬月額相当額の合計を47万円以内に抑えることです。

難しいいい回しでわかりにくいかもしれませんが、とりあえずは**「1か月あたりの年金と賃金の収入が47万円を超えないようにする」**と考えてください。

「在職老齢年金」の計算方法

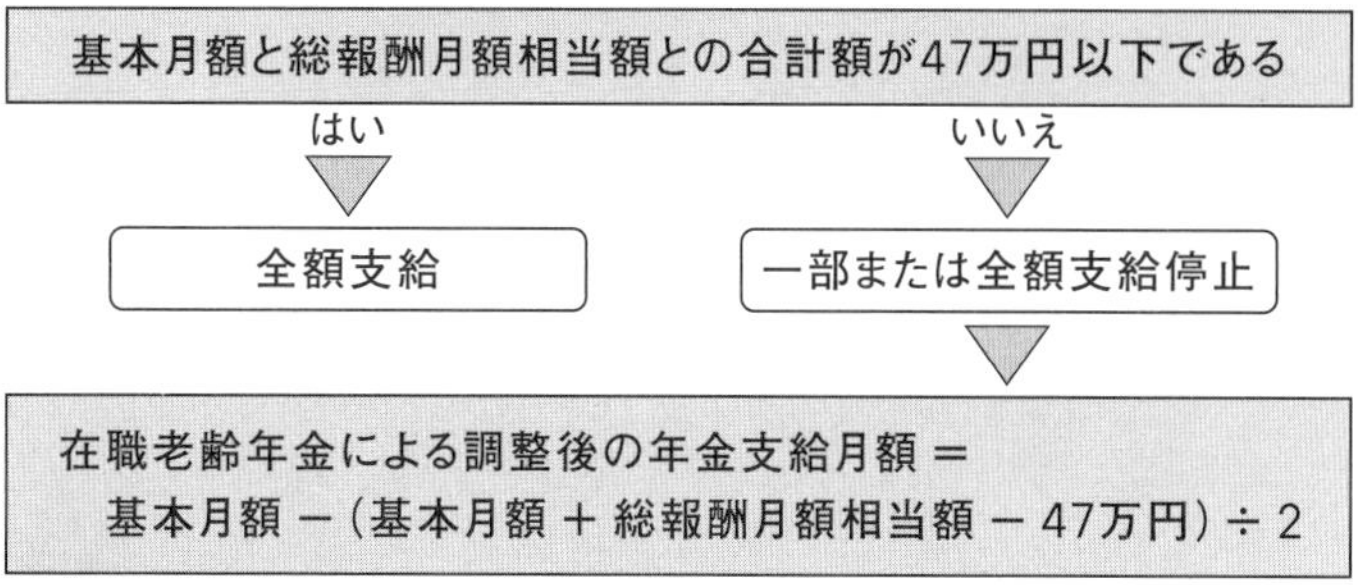

用語の説明

- **基本月額**
  加給年金額を除いた老齢厚生（退職共済）年金（報酬比例部分）の月額
- **総報酬月額相当額**
  （その月の標準報酬月額）＋（その月以前1年間の標準賞与額の合計）÷12
  ※上記の「標準報酬月額」「標準賞与額」は、70歳以上の場合には、「標準報酬月額に相当する額」「標準賞与額に相当する額」

出典：日本年金機構ホームページ

この在職老齢年金のルールとともに押さえておきたいのが、年金の受給開始時期は繰り下げ・繰り上げが可能ということです。

受給開始時期を繰り下げる、つまり遅くずらすことによって、1年あたりの年金の受取額を増やすことができます。

逆に早める（繰り上げ）と、年金が減ることになります。

繰り下げによって増やせる年金は、繰り下げた月数に0・7％をかけた値です。

現在の法律では最長で10年間（75歳まで）繰り下げられるので、そこまで伸ばした場合、**年金の受取額を84％増やす**ことができます。

このようなルールから、「年金は繰り下げ

たほうが得」と思うかもしれませんが、そうとはいい切れません。

人の寿命には限りがありますから、年金の受給開始時期を遅らせると、年金をもらえる期間が短くなります。つまり、いつまで生きるかを予想しないと、最適な受給開始時期を決めることはできないのです。

そこで1つの目安となるのが、平均余命の統計です。厚生労働省の「令和元年簡易生命表の概況」によると、65歳時の平均余命は男性が19・83年、女性が24・63年となっています。

ここから、65歳の男性は85歳0か月まで生き、女性は90歳0か月まで生きると仮定します。この仮定に基づいてシミュレーションをしたところ、下記の時期に年金をもらいはじめると、年金総額が最大になるということがわかりました。

◆平均余命まで生きるとして、年金総額が最大になる受給開始時期

男性（85歳0か月まで生きると仮定）：69歳1か月まで繰り下げ

女性（90歳0か月まで生きると仮定）：71歳7か月まで繰り下げ

男性が 85 歳まで生きると仮定した年金受給開始時期と増減率・総額の違い

年齢	繰り下げた月数	A 月の増額率	B 年金がもらえる月数	A×B	年金額が月15万円の場合の、総支給額
66歳0か月	12	108.4%	229	248.236	37,235,400
67歳0か月	24	116.8%	217	253.456	38,018,400
68歳0か月	36	125.2%	205	256.660	38,499,000
69歳0か月	48	133.6%	193	257.848	38,677,200
69歳1か月	**49**	**134.3%**	**192**	**257.856**	**38,678,400**
69歳2か月	50	135.0%	191	257.850	38,677,500
70歳0か月	60	142.0%	181	257.020	38,553,000
71歳0か月	72	150.4%	169	254.176	38,126,400
72歳0か月	84	158.8%	157	249.316	37,397,400
73歳0か月	97	167.9%	144	241.776	36,366,000
74歳0か月	108	175.6%	133	233.548	35,032,200
75歳0か月	120	184.0%	121	222.640	33,396,000

女性が 90 歳まで生きると仮定した年金受給開始時期と増減率・総額の違い

年齢	繰り下げた月数	A 月の増額率	B 年金がもらえる月数	A×B	年金額が月15万円の場合の、総支給額
66歳0か月	12	108.4%	289	313.276	46,911,400
67歳0か月	24	116.8%	277	323.536	48,530,400
68歳0か月	36	125.2%	265	331.780	49,767,000
69歳0か月	48	133.6%	253	338.008	50,701,200
70歳0か月	60	142.0%	241	342.220	51,333,000
71歳0か月	72	150.4%	229	344.416	51,662,400
71歳6か月	78	154.6%	223	344.758	51,713,700
71歳7か月	**79**	**155.3%**	**222**	**344.766**	**51,714,900**
72歳0か月	84	158.8%	217	344.596	51,689,400
73歳0か月	97	167.9%	205	342.760	51,414,000
74歳0か月	108	175.6%	193	338.908	50,836,200
75歳0か月	120	184.0%	181	333.040	49,956,000

ここまでにお伝えした年金のルールを踏まえると、老後の資産形成を有利に進めるには次のような戦略が有効と考えられます。

戦略的に働きながらお金の余裕を得る方法

☑ 在職老齢年金の減額に注意しながら60歳以降も働き続ける
☑ 年金はすぐに受けとらず、繰り下げを活用して受給額を増やす

働きながら年金を得ることが資産形成につながるという意味では、富裕層の資質として心身が健康であることも重要といえます。

私は、公務員時代はほとんど健康に気をつかっていなかったのですが、独立して自営業者となってからは、食事や運動を意識するようになりました。

収入の源泉が自分自身だということを意識するようになると、否が応でも健康意識が高まるものです。納め続けている年金保険料を無駄にしないためにも、私は健康を心がけることにしたのです。

習慣

5 富裕層はギャンブルをしない

ギャンブルよりも投資でお金を増やす

私は相続税調査で富裕層の預金などの動きをチェックしていましたが、多額のお金をギャンブルに突っ込んで損をしているケースを見たことがありませんでした。
また、ギャンブルで財を成したという人も、やはり1人もいませんでした。「宝くじが当たって大金を得ても、結局は残らない」といわれることがありますが、それは本当なのかもしれません。

富裕層の大半は、堅実に仕事で稼ぐ人だったのです。

ある程度お金の知識がある人は、ギャンブルをするよりも自分のビジネスや金融資産に投資をしたほうが効率的だとわかっています。

これはライターとして投資家などに取材して感じたことでもありますが、お金持ちほど**「成長する資産にお金を投じる」**、別のいい方にすると**「お金に働いてもらう」**ということを徹底している印象が強いです。

株式や投資信託、不動産といった、価値が増すものにお金を投じることは、「プラスサムゲーム」と呼ばれます。プラスサムゲームとは、取引の参加者全員が利益を上げられることをいいます。

自分のビジネスにお金を投じて成功すれば、社長はもちろん、株主や従業員など、みなが恩恵に与れます。株式投資も、お金を投じた企業が成長すれば、その会社の株主全員が利益をあげられます。

このようなプラスサムゲームに類する投資については、政府もつみたてNISA（少額投資非課税制度）やiDeCo（個人型確定拠出年金）などの優遇税制措置などを通じて支援しています。

経済成長の恩恵を受け、税負担を抑えられるという意味で、プラスサムゲームは理にかなっています。

一方、ギャンブルは「マイナスサムゲーム」と呼ばれます。マイナスサムゲームとは、参加者の利益と損失を合算すると、マイナスになることをいいます。

たとえば競馬であれば、賭け金のうち20％以上をテラ銭（胴元のとり分）としてＪＲＡ（日本中央競馬会）がとり、残りを賭けた人たちで分配するしくみになっています。

ちなみに宝くじのテラ銭は、さらにその割合が高いです。宝くじ公式サイトによると、2021年の当せん金としての還元率は46・2％、つまり半分以下です。

あとの14・9％は印刷経費や手数料などの経費として使われ、37・5％は公共事業等、1・4％は社会貢献広報費として使われているのです。これでは、**理屈からいって儲かるはずがないと考えるのが合理的**でしょう。

そして、たとえギャンブルで勝ったとしても多額の税金で利益の多くが失われます。

競馬などで得た利益に対しては、所得税と住民税を合わせて最大で55％が税金でもっていかれる計算です。

宝くじの当せん金は「当せん金付証票法」という法律（通称・宝くじ法）によって非課税ですが、そもそも当たる確率はギャンブルより低いとも考えられます。これが**「宝くじは貧乏人に課せられる税金」**と揶揄《やゆ》されるゆえんです。

このように比較をすると、富裕層がギャンブルに手を出さず、株式投資などにお金を投じている理由がわかるのではないでしょうか。

趣味レベルであればまだしも、資産を築く目的からすると、ギャンブルは明らかに避けるべきものです。

私もギャンブルは一切しません。やってみると楽しいかもしれませんが、どれくらいお金を失うかが読めないと怖いので、やる気にならないのです。きっと性格的にギャンブルに向いていないのだと思います。

国税職員時代にパチンコが好きな先輩がいましたが、富裕層にならってのことか、自分で中古のパチンコ台を買って自宅で楽しんでいたそうです。

あれはギャンブルではなく、純粋な趣味といえるでしょう。

ギャンブルでお金を失っても証拠を残す

「富裕層はギャンブルをしない」というのが私の基本的な認識ですが、もちろん例外もあります。

あるとき、相続税調査に出かけた先輩が、午後の早い時間帯に税務署に帰ってきたことがありました。

相続税調査は基本的に午前も午後も1日たっぷり時間をかけて行うので、気になってその先輩に「どうしたんですか？」と尋ねたところ、「今回はハズレだった」といいます。

先輩が調査していた案件は、生前の収入などに比べて申告された相続財産があまりに少なく、〝隠し財産〟が見込まれるものでした。

ところが、意気込んで相続税調査のため自宅に出向いたところ、残された奥さんから聞かされたのは、**「亡くなった夫は競輪にハマってしまって……」**という愚痴だったそうなのです。

仕事を引退した後、老後の趣味として競輪をやってみたら、のめり込んでしまったとのこと。そうした説明をして奥さんが見せたのが、競輪のハズレ券が詰まった袋だったそうです。

その袋のなかから大量のハズレ券をとり出して、負けた金額を電卓でざっと計算した先輩職員は、「それはご苦労されましたね……」といって引き上げるしかなかったほどの金額だったそうなのです。

このようにギャンブルで資産を大きく減らすような事態は絶対に避けたいところですが、もし実際に起きてしまったら、あの奥さんのように**「ギャンブルで負けた」という証拠を残しておかなくてはいけません。**

なぜなら、国勢調査官は「もっと財産があるはず」という想定のもと相続税調査をしているからです。

この意味から、ギャンブルなどで財産が失われているのであれば、その事実を示すことが求められます。

たとえば亡くなった被相続人が競馬で大負けしたのであれば、その負けた履歴を示せば、税務職員が「これ以上調べても財産は出てこない」という判断に至り、相続税調査は早く終わるでしょう。

このように財産を失った証拠を残しておくことは、遺産分割でもめるのを避けるためにも役立ちます。

遺産分割の場面では、相続人同士で疑心暗鬼になりがちです。亡くなった被相続人の預金残高があまりに少ないと、離れて生活をしていた家族から「もっとあるはずだ。隠しているだろう」と思われかねません。

富裕層の家庭では、家族が心のどこかで遺産に期待をするのは無理もないでしょう。なかには、遺産をあてにしている人がいるかもしれません。

そのような状況で、フタを開いてみたら財産がなかったとなると、やはりトラブルにつながることは容易に想像できます。

ありもしない財産を理由に家族が争うとしたら、これほど残念なことはありません。

お金の失敗について子どもたちに明かしたくない気持ちはわかりますが、**後でトラブルが起きることを考えると素直に話したほうがいい**のです。

この事例にならって、私は自分の収入を妻にありのまま伝えています。

というのも、お金があるのに無用の心配をかけるのも、逆に厳しい状況のときに過度に期待されるのも嫌だからです。

公務員のときと違って収入が一定ではありませんから、きちんと伝えておかないと、いずれ誤解が生じかねません。

家族は一蓮托生《いちれんたくしょう》の運命共同体ですから、妙な見栄を張ってもしかたがないのです。

習慣

6 富裕層は保険をうまく利用する

生命保険を相続税と遺産分割に活用する

ときどき、ファイナンシャルプランナーなどお金の専門家から、「保険は無駄だ」といった話が聞かれます。

たしかに日本は公的医療保険が充実しており、死亡率も高くはありません。そう考えれば、民間の高い保険料を払うより、投資などにお金を回すほうが合理的といえそうです。

ましてや高齢の富裕層であれば、亡くなったとして家族が金銭的に困ることはありません。すでに子どもは独立していますし、残された配偶者の生活を守るくらいは簡単です。

ところが現実には、**富裕層のほとんどが、なんらかの生命保険に加入**しています。

なぜなら、富裕層ではない人にとっての保険と、富裕層の人にとっての保険は目的が違うからです。

私もそうですが、一般に保険は「生活の保障」のためのものです。死亡保険であれば、自分が死んだ後、残された家族の生活を守るために入ります。

でも、すでに億単位の資産をもっている富裕層の場合、わざわざ死亡保険に入らなくても、家族の生活は十分に守れるはず。ですから、保険料を払うのは一見すると無駄遣いのように思えますが、そうではありません。

彼らは、**相続税と遺産分割への対策として、生命保険を活用している**のです。

令和2（2020）年分の相続税の統計資料を見ると、亡くなった被相続人1人あたりの平均で約1827万円の生命保険金等が計上されています。

亡くなった被相続人が保険料を払っていた場合、保険金を受けとった人に相続税がかかります。ただ、この生命保険金については、**「法定相続人1人あたり500万円」の非課税枠が設けられていますから相続税の節税になる**のです。

たとえば、妻と子2人の計3人が相続人というケースを考えてみましょう。非課税枠は、500万円×3人＝1500万円となり、**合計1500万円以内の保険金であれば、相続税は一切かかりません。**

ちなみに私が相続税調査をしていた頃は、法定相続人1人あたり1000万円の非課税枠が認められていたので、今より生命保険の節税効果が高かったです。

亡くなった被相続人が現金のままで財産を残したら、全額が相続税の対象となります。ところが保険料を払えば相続税の対象となる現金を減らせるうえ、受けとれる保険金に非課税枠が使えるので、簡単に相続税を節税できるのです。

私自身は富裕層ではないので、保険はあくまでも生活の保障のために入っています。国税職員時代は必要最低限の生命保険にしか入っていませんでした。保険の重要性に気がついたのは、実はフリーランスになってからのことです。

ライターとして独立して半年後、妻が突然入院することになったのです。結果として入院期間は2か月になりましたが、当初は入院期間がわからずに不安が募りました。入院費用がどれくらいに膨らむかわからなかったからです。

現在、息子は3人いますが、妻の入院中、当時小学生だった2人の息子の世話をすることになりました。そのため、定期的に受けていた取材の仕事もキャンセルせざるを得なくなり、仕事がほぼストップしてしまったのです。

フリーランスですから、公務員や会社員と違って有給休暇や育児休暇の制度などありません。仕事をしなければ一気に無収入になります。当面は公務員時代の退職金などの蓄えで生活できるとして、先の見えない状況に不安が募るばかりでした。

そんなとき、加入していた医療保険のことを思い出したのです。その保険は、独立直前に念のために加入していたものでした。そのおかげで私は、妻の入院中の収入ダウンをほぼ保険で補うことができました。

会社員や公務員の場合、有給休暇を使えば、仕事を休んでもある程度は生活が守られます。しかし、安心して生活を送るためにも、無駄な保険を見直すことはあっても、完全に無視するのは得策ではありません。

保険料をケチったばかりに、人生が大きく狂うような事態は避けるべきでしょう。

生命保険を遺言代わりにする

富裕層にとって大きな悩みが、遺産をどうやって分配するかという問題です。遺産分割はどうしても感情が絡む話なので、争いになるおそれがあります。

本来は、そうならないように遺言書を作成するのがいちばんなのですが、そうはいっても実際のところ、気軽に作成できるものではありません。

そこで、相続に対する備えを意識する富裕層は、**「遺言」の代わりに生命保険を活用**しているのです。

たとえば、家族のなかの特定の誰かに財産を残したいとしましょう。そのとき、生命保険を活用すれば、受取人を指定するだけで、自分が望む家族に確実にお金を渡すことができます。

また、**生命保険は遺産分割のトラブルにつきものの「遺留分の問題」を防ぐうえでも役立ちます**。遺留分とは、法定相続人に認められた相続財産の最低限のとり分のことで、法

相続人ごとの遺留分（法律で定められた最低限のとり分）の割合

相続人	遺留分の合計	それぞれの遺留分	
		配偶者	ほかの相続人
配偶者と子	1/2	1/4	子 1/4
配偶者と亡くなった人の父母	1/2	1/3	父母 1/6
配偶者と亡くなった人のきょうだい	1/2	1/2	なし
子のみ	1/2		1/2
父母のみ	1/3		1/3
きょうだいのみ	なし	ー	なし

※父母が2人そろっていたり、子が複数いる場合は遺留分を人数分で割る

定相続人の構成によって決まります。

たとえば、子2人が法定相続人という場合、それぞれ4分の1ずつの遺留分が認められます。ということは、片方が4分の3以上の財産を相続したら、ほかの相続人の求めに応じて財産を渡す必要が出てきます。

そのため、長男と次男の2人が相続人となる家庭であれば、亡くなった被相続人が「全財産の1億円を長男に残す」と遺言を残したとしても、遺留分として最低2500万円は次男に渡さなくてはいけないということです。

ここで登場するのが、死亡保険です。

実は、遺留分は「被相続人が死亡した時点の相続財産」の金額を基準に計算されます。

そのため、生命保険の金額は遺留分の計算には基本的に入りません。

つまり、**生命保険を使えば、「より多くの現金を渡したい」と思う家族に、きちんとお金を渡せるようになる**ということです。

日本で、きちんと遺言を残すケースは少ないといわれています。たしかに、富裕層の相続税申告を見ても、遺言があるケースは少数派でした。

この背景には、物事を曖昧にしておきたい日本人特有のメンタリティがあるように感じます。誰か特定の人を選んで財産を残すのではなく、できるだけ平等に機会を与えたいという意識があるのではないでしょうか。

とはいえ、内心では生前に世話をしてくれた家族や、収入が少ない家族により多くお金を残したくなることもあるでしょう。

そうしたときに、生命保険であれば、受取人を指定するだけなので便利なのです。

習慣

7 富裕層は寄付をする

公共心が高い人が多い

アメリカの経済誌『フォーブス』は、〝投資の神様〟と呼ばれるウォーレン・バフェット氏の寄付額の累計が、461億ドル（約6兆223億円＝1ドル135円換算）と試算しました。米マイクロソフト創業者ビル・ゲイツ氏が率いるビル＆メリンダ・ゲイツ財団や米アマゾン・ドット・コム創業者のジェフ・ベゾス氏など、海外では富裕層によって桁違いの金額が寄付されています。

こうした社会貢献は、フィランソロピー（philanthropy）と呼ばれ、背景にはキリスト教の思想があるといわれています。

フィランソロピーの語源が、ギリシャ語の愛（フィリア）と人類（アンソロポス）であることからも、西洋では古くから人のために奉仕をする文化が根づいていることがわかります。

一方、「日本には寄付の文化がない」といわれることがあります。実際、内閣府によると、アメリカの寄付総額がＧＤＰ（国内総生産）の２・２％であるのに対して、日本は０・11％という非常に低い割合にとどまっています。

それでも、日本の富裕層にも寄付をする傾向は見られます。私も相続税調査で、**多額の財産を寄付する富裕層を何度か目にした**ことがありました。

富裕層には地元の自治体や母校、仕事の関連団体など、さまざまなつながりがありますから、そうしたつながりを大事にする意識から寄付をすることが多いようです。

日本の資産家で、普通では考えられない規模の寄付をしたことで知られるのが、事業家の本多静六氏です。１８６６年に現在の埼玉県で生まれ、造園技師、林学者として活躍しました。

本多氏が行っていたのが、**「月給４分の１天引き貯金」**というものです。

社会人になってから、本多氏は給料の4分の1を貯金し続け、その貯金を株や公共事業などに投資したそうです。

その結果、現在の価値に換算して100億円はくだらない資産を築きました。

本多氏が本当にすごいのはここからです。本多氏は、**長年の努力により築き上げた財産のほぼすべてを教育・公共機関に寄付**したのです。

たとえば、私財を投じて得た埼玉県秩父地方の山林2600ヘクタール余りを、奨学金事業創設のため、埼玉県に寄付。これを機に生まれた「本多静六博士奨学金」は、埼玉県で今も引き継がれています。

欧米では「ノブレス・オブリージュ（高貴なる者の義務）」といって、富裕層には「社会の模範となるように振る舞うべき」という規範が根づいているといわれますが、日本にも本多氏のようなノブレス・オブリージュを実践している富裕層がいたのです。

ちなみに、本多氏がこれほど大きな功績を残せたのは、徹底した倹約に加えて、投資にも力を入れていたからです。

彼の代表的著書である『私の財産告白』には、「投資の第一条件は安全確実である。しかしながら、絶対安全のみを期していては、いかなる投資にも、手も足も出ない。だから、絶対安全から比較的安全、というところまで歩み寄らねばならぬ」と書かれています。

リスクをとらなければリターンを得られないことは投資の常識ですが、１００年以上前に本多氏がこうした考えをもっていたことは驚くほかありません。

私もささやかではありますが、生まれ故郷の北九州市や子育て支援をしているＮＰＯ団体などに寄付しています。

寄付して感じるのは、持続的な喜びを得られるということ。欲しいものを買っても、喜びは案外すぐに終わってしまいますが、なぜか寄付の喜びは長続きします。

自分が寄付したお金が、地元や子どもたちの幸せに少しでも貢献できていると思うと、いいお金の使い方ができたと実感できるのです。

節税対策として寄付をする

あるとき、私が税務署で相続税の相談を受けていたとき、「国の政策に納得できないから、相続税を納めたくない」といわれたことがあります。

実はこのような思いを抱く富裕層は少なくありません。家族が苦労して築いた財産を、政府によって無駄に使われたくないという気持ちがあるのでしょう。

そこで彼らが検討するのが、寄付をして税金を減らすという方法です。富裕層が寄付をする背景には、「節税に役立つ」という側面もあるわけです。

たとえば相続財産を国や地方自治体などに寄付した場合、相続税だけでなく、所得税や住民税の節税効果を得ることができます。

寄付をすると税負担が減るので、**「国に相続税を払うよりも、自分が応援したい地方自治体や団体にお金を残したい」**という希望があれば、これを実現できるのです。

あなたが相続財産をどこかの地方自治体に寄付したとしましょう。すると、その寄付金を相続財産から差し引いて、相続税を計算することができます。

そうやって、相続人の所得税や住民税が減額されるという流れになります。

ただし、このような節税効果を得るには、次の条件を満たす必要があります。

寄付による節税の条件

☑ 寄付をする財産が、相続や遺贈で取得したものであること
☑ 相続税の申告期限までに寄付して、寄付証明書を添付して相続税を申告すること
☑ 寄付先が国や地方公共団体、特定の公益法人であること

今は「ふるさと納税」といわれる地方自治体への寄付が増えています。2011年の寄付額は121・6億円でしたが、10年後の2021年は8302・4億円と70倍近くまで急増しているのです。

ふるさと納税の魅力は、節税効果を得ながら各地方自治体が用意している「返礼品」をもらえる点にあります。

寄付するのは相続財産である必要はなく、ふるさと納税のポータルサイトを使えば、ネットショッピング感覚で寄付できます。

日本の税制は高所得者になるほど厳しくなりますが、**ふるさと納税は高所得者ほど効果が高い**ものになっています。所得に応じて、節税効果が生じる寄付額の上限が決まるからです。

私も毎年、ふるさと納税をしています。以前は返礼品として、全国各地の肉や果物などを選んでいたのですが、近頃は日用品を選んでいます。

それというのも、食品はかさばるものが多く、冷凍庫に収まりきれなかったり、毎日同じものを食べざるを得なくなったりしたからです。

なかでも毎年のように寄付しているのが地元の北九州市です。ちなみに返礼品として、「シャボン玉石けん」を選んでいます。

このような普段使う日用品を返礼品に選べば、家計の節約につながるのでおすすめです。

コラム

1 富裕層のへそくり事情

私が新人の税務職員の頃、ベテラン職員から「コバちゃんの調査事案、ちょっと資料を見せて」といわれて渡したところ、「奥さんの預金が怪しい」と鋭い指摘をされたことがあります。

亡くなった夫が多額の収入を得ており、妻は無職の専業主婦だったことに目をつけたのです。過去の申告状況を見ても、妻のほうに多額の収入は見込めません。

そして税務調査をしたところ、**妻が数千万円単位の多額のへそくり**を抱えていたことがわかりました。これが後に相続税の追徴課税につながったのです。

富裕層は家計の管理を家族に任せているケースが多いため、こうした多額のへそくりが生まれやすいです。

夫・妻に内緒にしているへそくりはいくらですか？

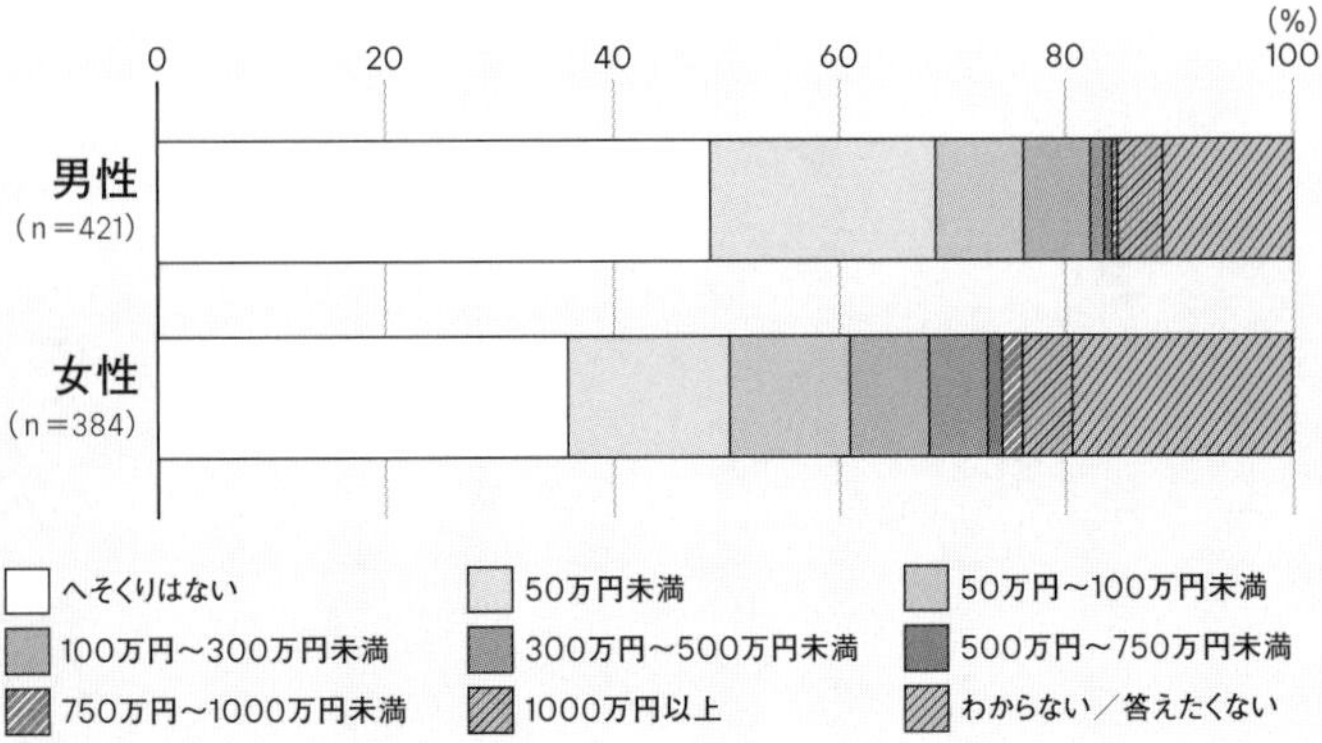

＊全国の50歳～79歳の男女1034名を対象に2019年10月31日～11月1日に実施した野村證券インターネット調査（調査委託先：マクロミル）より
＊全体のn数は「既婚者（配偶者あり）」と回答した人数

野村證券によるへそくりに関するアンケートを見ると、男女ともに半数以上が「へそくりがある」と回答していました。

とくに女性のほうがへそくりを貯めている割合が高く、なかには1000万円を超える金額の人も少なくありません。

富裕層の家庭の場合、やはりへそくりの金額が大きくなりがちです。

もちろん、「へそくりはありますか？」などとダイレクトに尋ねるわけではないのですが、亡くなった人やその家族の預金口座の動きなどを追うと、やがてへそくりの存在にたどり着くことがあります。

たとえば、生活費が月30万円程度なのに、毎月100万円を自由に使える状態になっていたら、毎年840万円の余剰資金が生まれます。

ここに、**多額のへそくりの原資があるわけです。**

へそくりのように、一見すると亡くなった被相続人の財産ではないけれども、「実質的には相続財産だ」と判断される預金を**「名義預金」**といいます。

相続税のルールでは、家族名義の現預金であっても、名義預金として相続税がかかることがあります。

私も以前、専業主婦の相続人に数千万円単位の預金があることを発見したことがあります。その後、調査を重ねて、名義預金と判断したのですが、「このお金は、私が節約をして貯めたものだから、相続財産じゃない！」と、とても強い反発を受けました。

しかし、その気持ちは理解しつつも、さまざまな事実に基づき検証し、追徴税を課すことになったのです。

税務署から名義預金を指摘されないようにするには、まずは家族といえども、財産の名義を曖昧にしないことです。

「夫の財産は夫名義、妻の財産は妻名義」というふうに分けておくことが大切です。

これと合わせて、相続が起きたときには、亡くなった被相続人名義の財産だけでなく、家族名義の財産についても情報を整理しておいたほうがいいでしょう。

たとえば専業主婦の相続人が自分名義で多額の現預金をもっていたら、その理由を確認します。

そのとき、「独身の頃の収入を貯めた」「パートで貯めた」「実家からの相続で貯めた」といった理由で自分自身の財産であることを明らかにできれば、名義預金と判定され、課税されることを防げます。

相続税調査が行われるのは、「故人の財産はもっとあるのでは?」という疑いがあるからです。そのような疑いをもたれないようにするためにも、家族の財産はしっかり整理しておかなくてはいけません。

第2章

【資産運用】富裕層ほど投資で儲かりやすい

習慣

8 富裕層は預金をしっかり保有する

1000万円ずつ複数の口座でお金を管理する

ここからは、富裕層がどのように資産を蓄えているのかをとり上げます。資産運用においては、金融資産を株式や投資信託、あるいは不動産などにリスク分散するのがセオリーとされています。

しかし、私が相続税の業務を通じて知る限り、富裕層であっても金融資産の多くは預金に偏《かたよ》っていました。人によっては数十もの預金口座をもっていたのです。

日本は世界的に見ても金融資産に占める現金・預金の割合が高い国です。

政府は「貯蓄から資産形成へ」とのスローガンのもと投資を促していますが、今なお現

各国の家計の金融資産構成

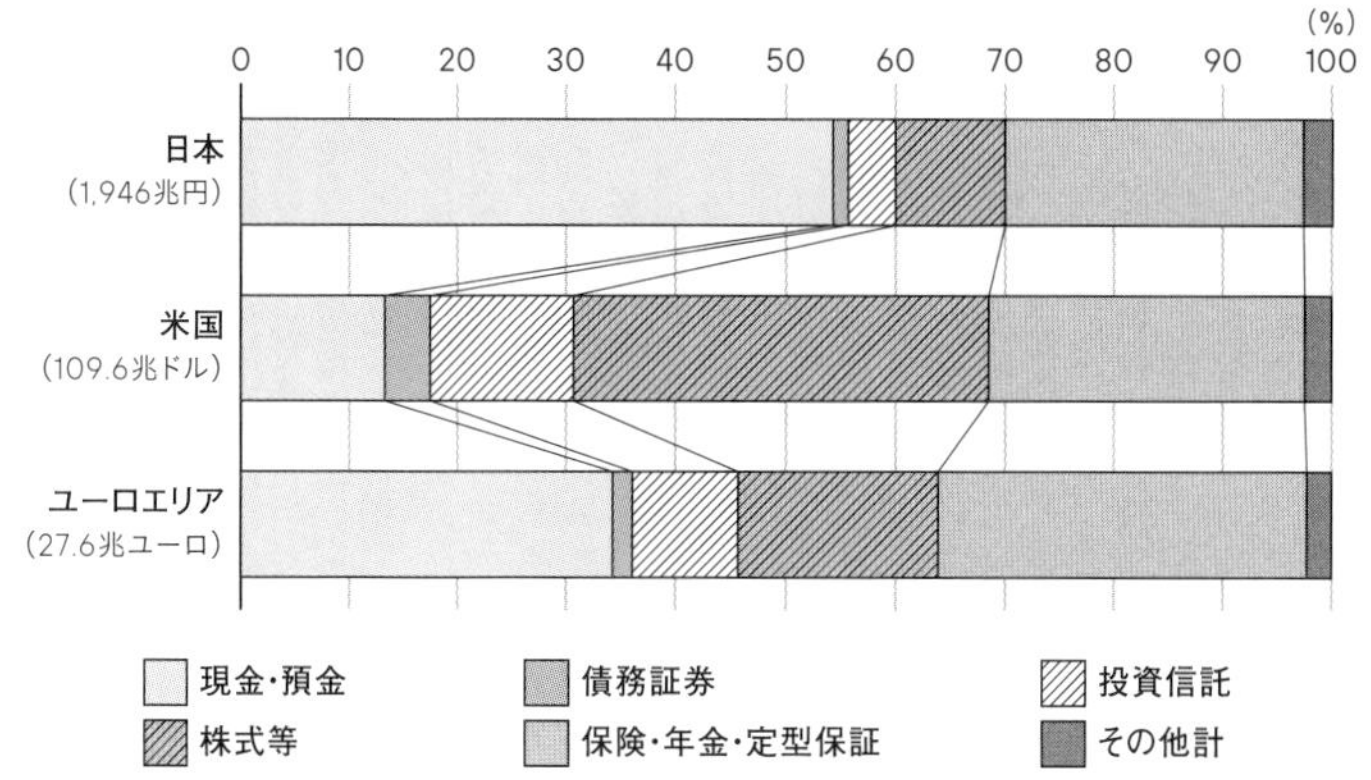

※「その他計」は金融資産合計から「現金・預金」「債務証券」「投資信託」「株式等」「保険・年金・定型保証」を控除した残差

預金の割合が高い状況は変わっていません。

こうした〝預金信仰〟は、富裕層においても見られます。

令和2（2020）年分の相続税の統計を見ると、申告された相続財産のうち**現金・預貯金の割合は約33％**となっています。

現金のままで置いているケースは少ないので、この33％の内訳はほとんどが預金であると考えられます。

富裕層においても、やはり財産の中心は、今もなお預金なのです。

預金の最大のメリットは、使い勝手がいいことでしょう。いつでも引き出すことができて、あらゆる支払いに使えるので、便利とい

日本の家計の金融資産構成

今もなお現金・預金が大半を占める

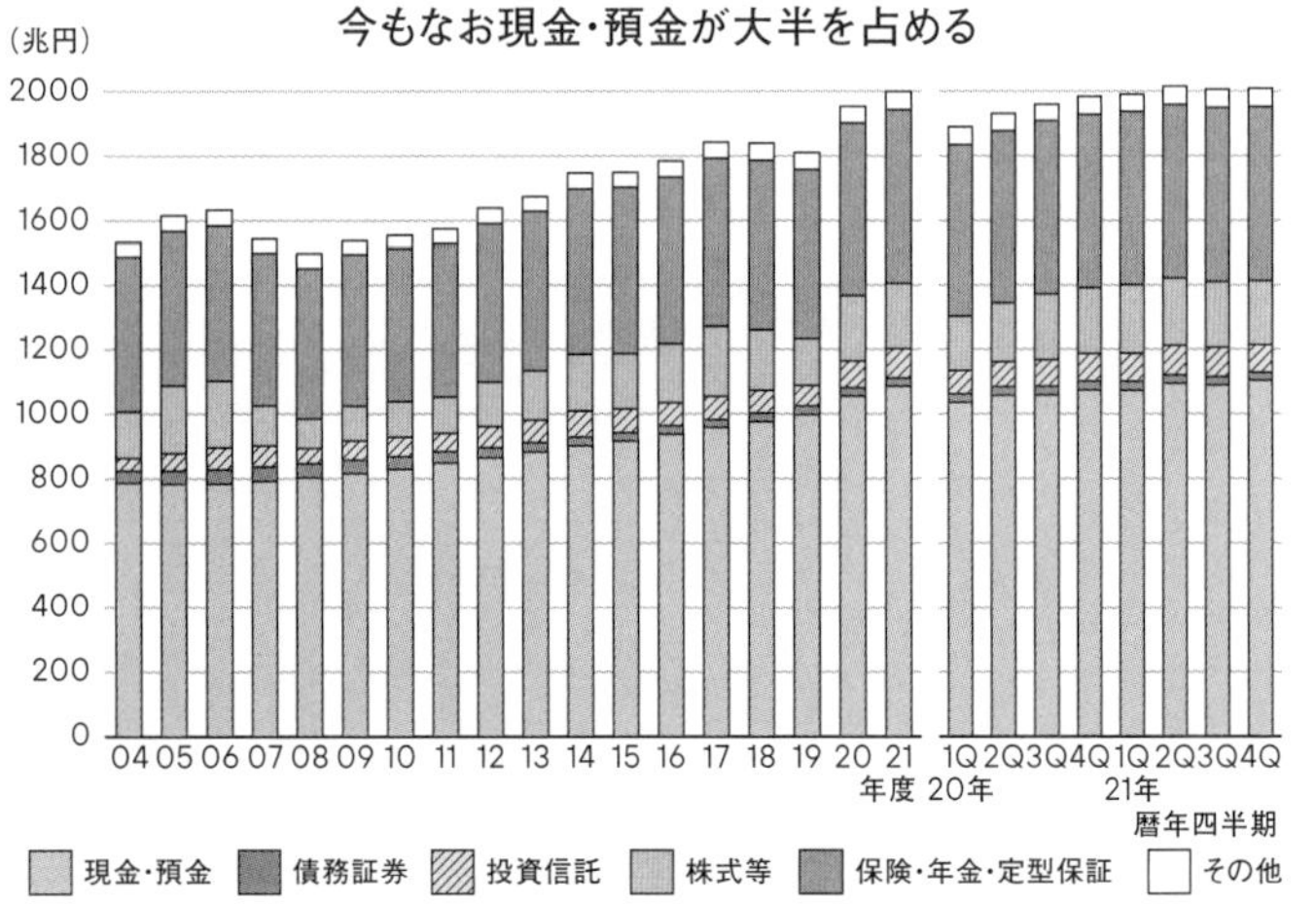

出典：日本銀行調査統計局

えば便利です。

加えて、「元本を確保できる」という点も預金の強みといえます。株式や不動産などに投資すると、損失を負うリスクがありますが、預金であれば安心の度合いが高まります。

すでに多くの資産をもつ富裕層にとって、いちばん怖いのは財産を減らすこと。そのため、リスクのある投資よりは預金をもとうという意識が生まれます。

ただ、預金しておけば、絶対に元本が守られるかというと、そうではありません。ご存じの方も多いと思いますが、２００２年４月以降、１つの金融機関につき、元本１０００万円までとその利息が保護の対象となる預金保険制度（ペイオフ）がはじまったからです。

富裕層の場合、預金額が１０００万円に収まることはありません。そのため、ペイオフ対策は必須となります。

私が相続税申告書を見て印象的だったのが、富裕層の多くが多数の金融機関で口座をもっていたことでした。**ほぼ１０００万円ずつを複数の金融機関に分けて預金**にしている富裕層が多く、明らかにペイオフを意識していました。

もっとも、あまりにも口座を分散しすぎると、相続のときに口座の一部が見落とされるリスクがあります。相続税調査では、金融機関を調査することがあり、相続人が見落としていた口座を発見することもあります。

私も何度か経験したことがあるのですが、「預金口座を見つけてくれてありがとうございました」と感謝されました。

私はその預金に対して追徴課税をする立場ですから、感謝をされて、なんとも複雑な気持ちになったことを覚えています。

預金だけでお金が増えたのはもう昔話

高度経済成長時代を生きた富裕層の多くは、普通預金より高い金利が設定されている「定期預金」を活用してお金を増やしていました。ただし、定期預金が資産形成に有効だったのは、すでに過去の話です。

郵便局（現・ゆうちょ銀行）の「定額貯金」は定期預金と同じしくみですが、バブル崩壊直前の１９９０年には**６・０８０％という、今では考えられない高金利**が設定されていました。

もしもこの金利で１０００万円を10年間預けると、税引後でも７００万円近い利息が生じて合計１７００万円になる計算です。

ほぼノーリスクで、お金を預けるだけでこうした高い利息がついていたわけですから、富裕層が定期預金をもっていたのもうなずけます。

ただし、日本では１９９２年に「ゼロ金利政策」がはじまり、２０１６年以降は「マイナス金利政策」がとられているため、預金の金利はとても低くなっています。今や一般的な

郵便貯金（ゆうちょ銀行の貯金）の定期貯金の金利

かつては7.5%と高金利だったことも

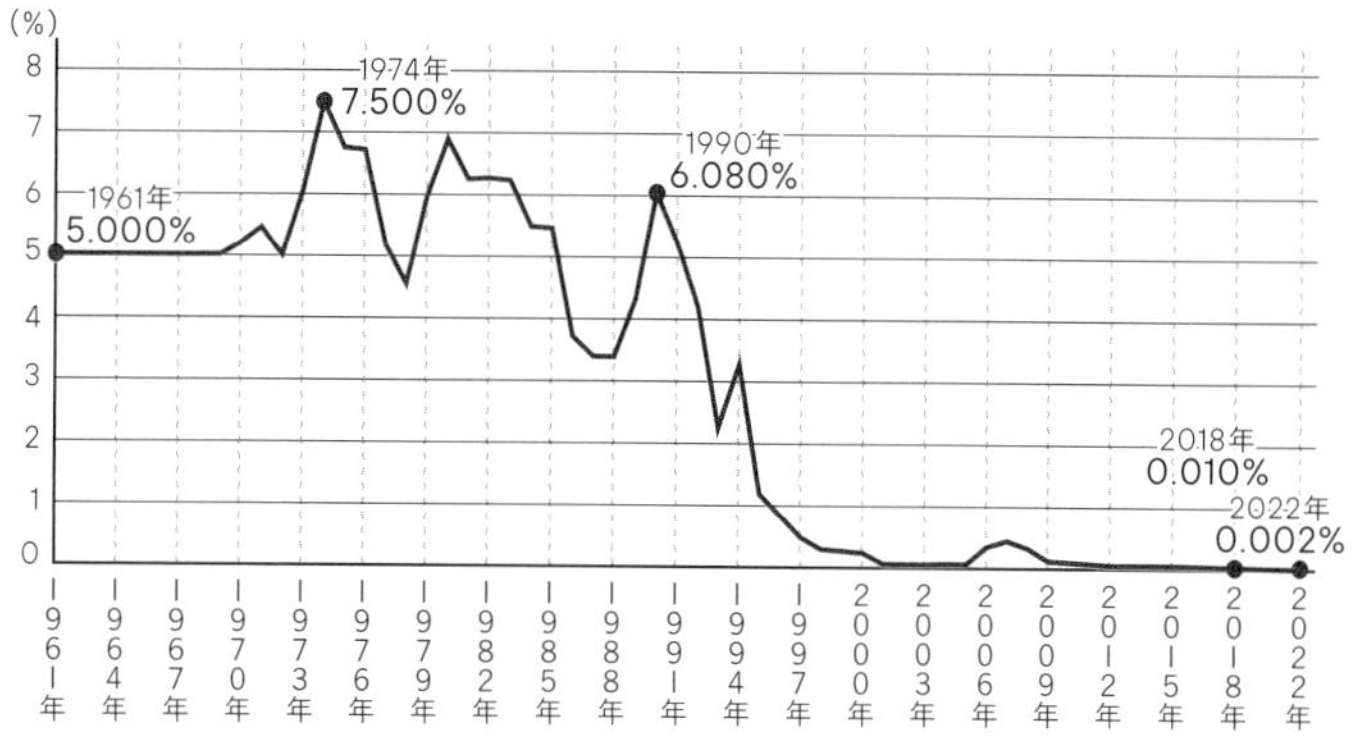

※毎年年末の値、1992年までは1年満期、1993年～1995年は1000万円未満・3年満期、1996年以降は3年満期

普通預金の金利は０・００１％、定期預金でも０・００２％という低水準です。**もし０・００２％の金利で１０００万円を10年預けたとしても、税引後の利息はわずか１５００円ほどにしかなりません。**

時代が変わったことで、これだけ定期預金の魅力が落ちてしまったのです。

今後、日本の金利が上がる可能性はあるにしても、バブル期の水準まで上がることは考えにくいでしょう。となると、資産を増やす目的で預貯金をもつ合理性はありません。

さらに今後、物価が上がるインフレが加速すると、相対的に現金の価値は下がりますから、低金利の預貯金をもつメリットは小さいです。また、昨今は円安が加速する局面もあるなど、日本円の価値が目減りして海外旅行がしにくくなってきました。

こうした傾向からすると、**今後、富裕層がもつ資産に占める現預金の割合は減り、海外の株式や不動産などのリターンを期待できる資産の割合が高まる**でしょう。

私も、預金は生活費など使うものと割り切り、預金で資産を増やそうとは考えていません。余分なお金があれば、投資信託などに回しています。

すでに十分なお金があり、元本を絶対に減らしたくない富裕層ならば、預金を使う合理性があります。でも、これからお金を増やそうとする私たちが、すべて預金にするのは明らかな間違いです。

物価が上がるインフレや円安傾向が見られる昨今、預金などで現金のままだと価値が目減りしてしまうリスクが高いのです。

これからの経済環境を踏まえると、預金以外に海外を含めた投資信託などお金を効率的に増やす方法を選択するのが賢明でしょう。

習慣

9 富裕層は株式や不動産に投資する

富裕層ほど投資で儲かりやすい

株式や投資信託などに投資をしていることも、富裕層の特徴です。

前述のとおり、相続財産に占める割合は現預金がもっとも多いのですが、株式や社債、投資信託などをもつ人も少なくありません。

総務省の家計調査によると、**年間収入の高い人ほど預貯金の割合が減り、有価証券の割合が増えている**傾向があります。

定期預金の魅力がなくなっている今、富裕層が率先して政府の提唱する「貯蓄から投資へ」を実践していることがうかがえます。

また、金融知識と収入・投資額にも相関関係が見られます。収入が高いことに加え、ある程度の**金融知識をもっていることも富裕層の条件**なのかもしれません。

投資のリターンは、投資にかけられる元手資金に比例します。同じ年利の金融商品であれば、**１００万円を投資する人よりも、１０００万円を投資する人のほうが10倍のリターンを得る**ことができるからです。

さらに、富裕層が一般の人よりも投資で儲けを得やすいのは、投資手段が豊富であることも一因です。一般の人が投資できない金融商品でも、富裕層は簡単にアクセスできます。

たとえば、「ヘッジファンド」と呼ばれる特殊な金融手法を用いた金融商品がありますが、最低投資額が５０００万円から１億円ほどに設定されているため、一般の人には手が出せません。

富裕層のなかには、スイスのプライベートバンクなどを通じてヘッジファンドへの投資をしている人もいます。

スイスのプライベートバンクは、「顧客の財産を守る」という姿勢がはっきりしています。200年以上前、スイスでプライベートバンクが誕生したのは、戦争に行く傭兵《ようへい》の資産を確実に守るためだったそうですが、そのスタンスは現代にも引き継がれています。

私は以前、スイスのプライベートバンクと日本の富裕層をつなぐビジネスを手がける方を取材して、富裕層の資産運用について教わったことがあります。

プライベートバンクの口座を開設すると、**基本的には1億円以上、場合によっては10億円以上の資金を預け入れ、運用を一任する**ことになります。この運用を担うのが、顧客1人ひとりについている「プライベートバンカー」と呼ばれる担当者です。

日本の銀行も富裕層向けにプライベート・バンキングのサービスを提供していますが、私が取材をした人の話では、それらのサービスはスイスのプライベートバンクとは似て非なるものでした。

スイスのプライベートバンクというと、豪華な建物のなかで高級スーツに身を包んだ外国人が、バリバリ仕事をしている様子を私はイメージしていました。

しかし、私が聞いた話によると、スイスのプライベートバンクの建物は非常に地味で、必要最低限のオフィススペースで、限られた人員が働いているそうです。

スイスをはじめとする伝統的なプライベートバンクの使命は、顧客の財産を守ることにあります。そのため、見せかけだけの華美な装飾などは必要ないということなのでしょう。おそらく、そうした堅実な姿勢が、スイスのプライベートバンクが世界の富裕層から今なお信頼を集めている理由なのだと思います。

富裕層がスイスのプライベートバンクを利用する理由はさまざまですが、**顧客の投資目標などに合わせてオーダーメイドで運用をしてくれる**点が魅力的です。

一般に公開されている株式ファンド（投資信託）はもちろん、ヘッジファンドや未公開株、デリバティブ（金融派生商品）といった特殊な金融商品も活用しながら、顧客の資産を増やしてくれるのです。

また、プライベートバンクは、「タックスヘイブン（租税回避地）」と呼ばれる税率の低い国を活用した節税スキームを提案することもあり、投資の利益にかかる税負担を最大限抑えようとする富裕層もいます。

富裕層は投資に使える潤沢な資金があり、投資の手段が豊富です。加えてグローバルに節税対策までできるわけですから、**富裕層は私たち一般の人よりも、お金を増やしやすい環境にあることは間違いありません。**

労働から投資へのシフトで「１億円の壁」をこえる

ある程度の所得がある富裕層にとっては、「働いて稼ぐ」よりも「投資で稼ぐ」ほうが確実に税負担が少なくなります。これも富裕層のなかに投資に熱心な人がいる理由だと考えられます。

そのことがわかる資料を見てみましょう。１０３ページにあるグラフは、日本の納税者の所得税の負担率を示したものです。

横軸は「合計所得金額」であり、右に行くほど高収入になります。そして縦軸は「所得金額に占める所得税の負担率」を示しています。

グラフを見るとわかるように、合計所得金額が1億円までは、グラフの線が右肩上がりになっています。ところが、合計所得金額が1億円を超えると、所得税の負担率が逆に下がりはじめます。

普通に考えれば、合計所得金額に比例して負担率は右肩上がりに増えていきそうですが、そうではないのです。

この一見不可思議な現象は、**「1億円の壁」**と呼ばれており、税率構造に起因します。

会社員の給与所得や、個人事業主の事業所得、公的年金などは、**「総合課税」**という扱いになっています。この総合課税の場合、各所得の金額が合算されたうえで、5〜45％までの「超過累進税率」が適用されます。

このほかに「住民税」として10％、「復興特別所得税」として所得税額の2・1％が加算されるしくみです。

これに対して、株式や投資信託などの売却益や配当金（以下、運用益）にかかる所得は**「分離課税」**というルールが適用され、総合課税の所得とは分けて計算されます。運用益にかかる所得税・住民税・復興特別所得税を合計した税率は、一律20・315％です。

申告納税者の所得税負担率

合計所得金額が1億円を超えると所得税の負担率が減る「1億円の壁」

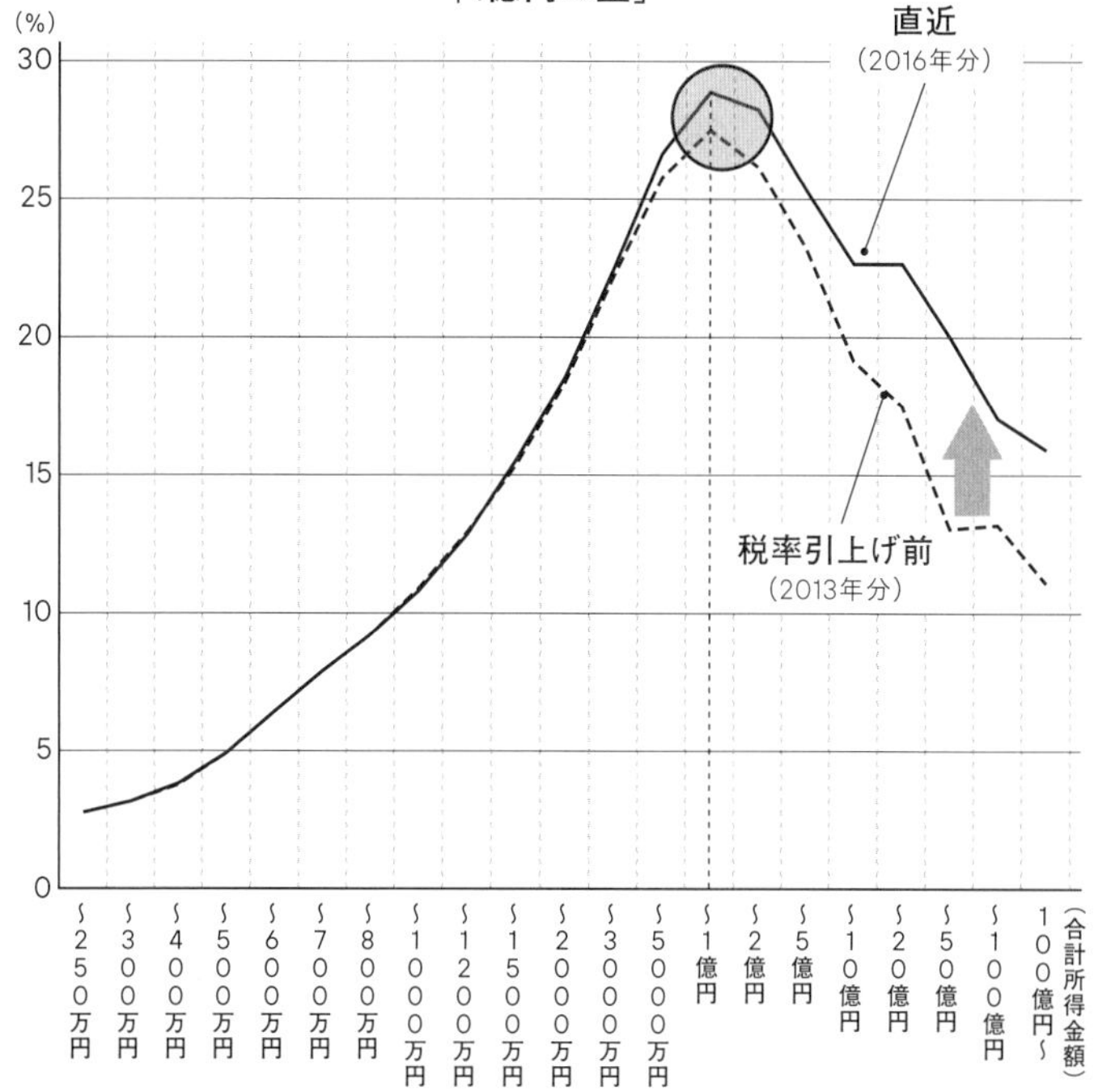

- 高所得者ほど所得に占める株式等の譲渡所得の割合が高く、金融所得の多くは分離課税の対象になっていることなどにより、高所得者層で所得税の負担率は低下
- 上場株式等の譲渡所得等に対する10%(所得税:7%・住民税:3%)の軽減税率は2013年末に廃止され、2014年からは20%(所得税:15%・住民税:5%)の税率を適用

注:所得金額があっても申告納税額のない者(例えば還付申告書を提出した者)は含まれていない。
　また、源泉分離課税の利子所得、申告不要を選択した配当所得及び源泉徴収口座で処理された株式等譲渡所得で申告不要を選択した者も含まれていない。

出典:各年分の国税庁「申告所得税標本調査(税務統計から見た申告所得税の実態)」より作成

最高45%まで増える所得税率

課税される所得金額	税率	控除額
1000円から194万9000円まで	5%	0円
195万円から329万9000円まで	10%	9万7500円
330万円から694万9000円まで	20%	42万7500円
695万円から899万9000円まで	23%	63万6000円
900万円から1799万9000円まで	33%	153万6000円
1800万円から3999万9000円まで	40%	279万6000円
4000万円以上	45%	479万6000円

※2013年から2037年までの各年分の確定申告においては、所得税と復興特別所得税（原則としてその年分の基準所得税額の2.1パーセント）を併せて申告・納付することとなる

つまり、**どれだけ投資で儲かったとしても税率は2割程度で済む**というわけです。また、つみたてＮＩＳＡやｉＤｅＣｏといった、運用益を非課税にする制度も複数あり、これらを使えばさらに税負担を抑えることが可能です。

前述の「1億円の壁」からわかるのは、**富裕層が「給料や事業などの労働収入」から「投資による不労収入」にシフトして、税負担を抑えている**ということです。

こうしたシフトは理にかなっています。私はできるだけ長くフリーランスとして仕事を続けたいのですが、今の仕事量を何歳まで続けられるかはわかりません。

いずれ体力的にも精神力的にも、今ほどの仕事量をこなすのがしんどくなったり、依頼を受ける仕事量自体が減ったりする日は訪れるでしょう。

でも、投資で利益を得るのは高齢になっても続けられます。後ほど説明する長期投資や分散投資をベースとした運用方法であれば、基本的に〝ほったらかし〟ですから、年齢は関係ありません。

老後は、自分にとって無理のないペースで仕事をしつつ、あとは資産運用で収入を得ることができれば理想的です。

習慣

10 富裕層は不動産投資で経済基盤を強固にする

不動産をもつ富裕層がやっぱり強い

相続税の申告書をチェックしていると、**富裕層の多くが複数の不動産をもっていること**がわかります。持ち家はもちろん、賃貸用の物件をもっている人が数多いのです。

そうした不動産は、家賃や地代、権利金などの収入をもたらしてくれます。しかも不動産自体の価値が高まれば、大きな売却益を得ることも可能です。

20世紀はバブル崩壊までは地価が大きく上昇していましたから、この波に乗って資産を形成した富裕層は少なくなかったはずです。

とくに都心の土地は、市街化や再開発事業もあいまって大きく値上がりしました。

住宅地の「平均」価格の推移

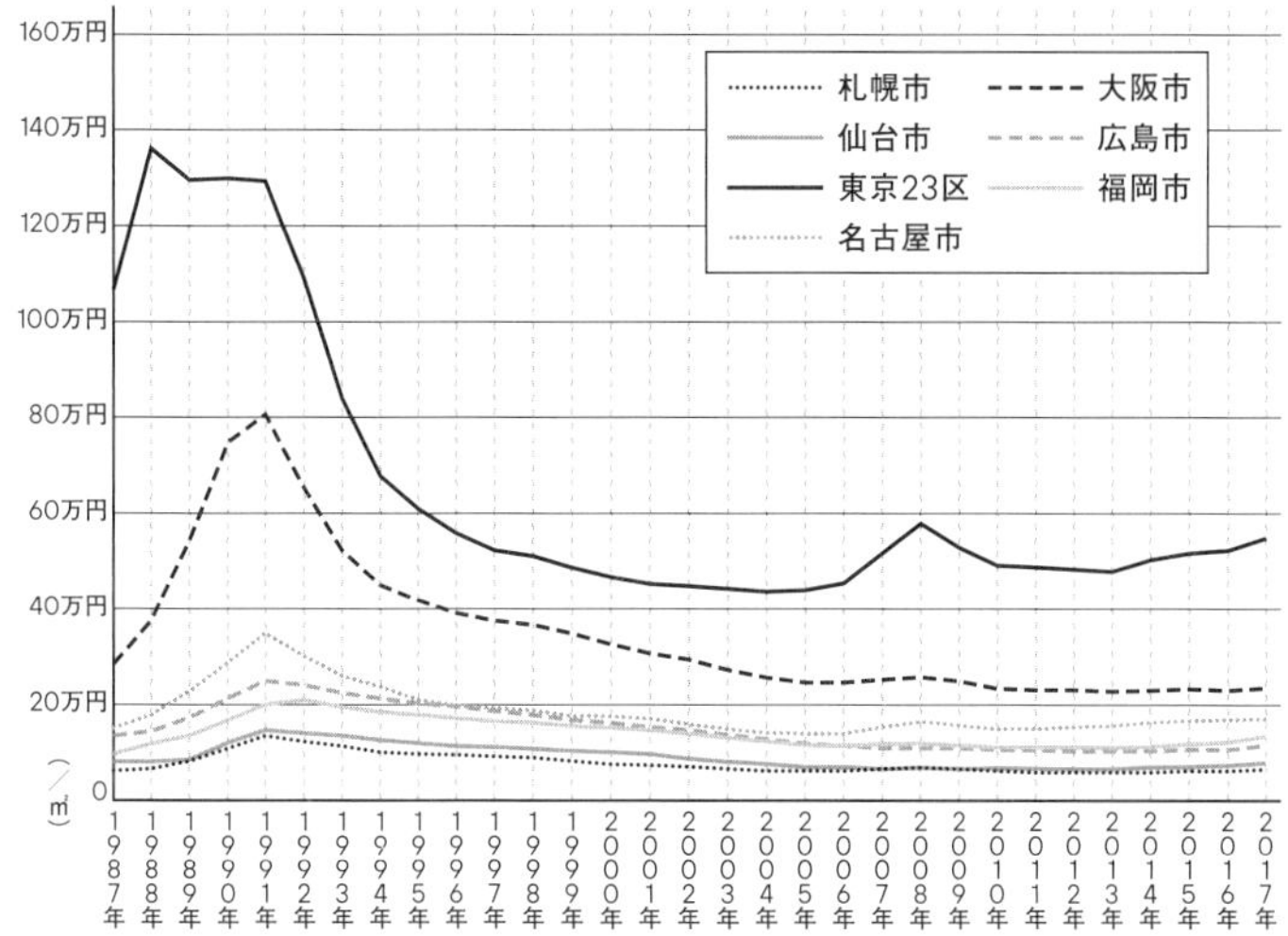

商業地の「最高」価格の推移

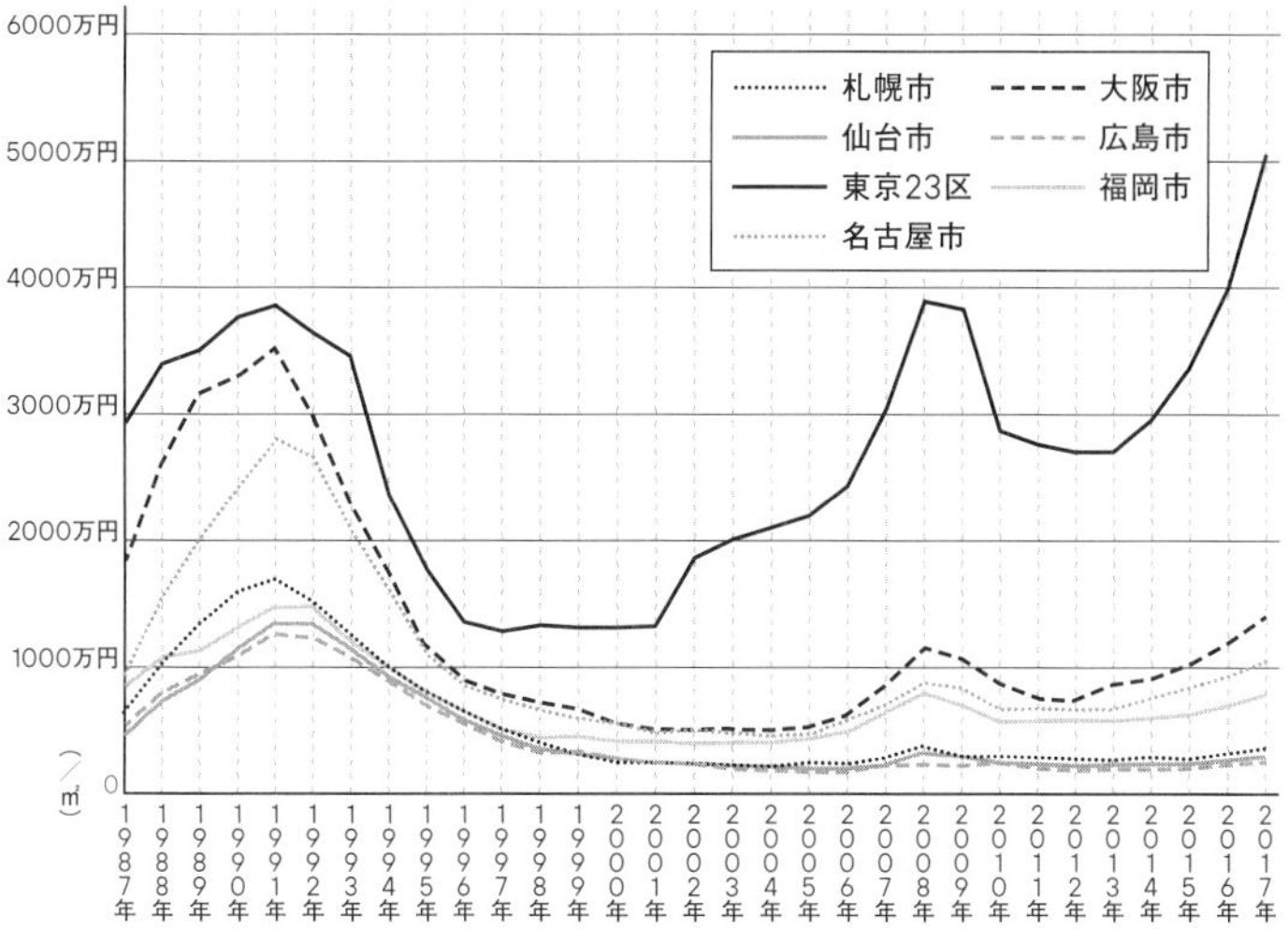

総務省の「全国家計総合調査」では、高齢になるにしたがって住宅資産（住宅用の土地）が伸びているのがわかります。

また、日本人の資産総額を10階級に分類して、資産の保有状況を比較した結果を見ると、資産規模が増えるにつれて総資産に占める住宅・宅地の金額が大きくなっています。

富裕層が不動産を所有するのが合理的だったのは、日本では20世紀に激しいインフレが起きていたからです。

竹中平蔵著『竹中教授の14歳からの経済学』によると、**2009年の日本の物価は120年前と比べて約3000倍**になったそうです。

実際、私は不動産を売却した人の確定申告書もチェックしていましたが、**祖先が1万円ほどで買った土地を数千万円で売却したといった事例をたびたび目にしていました。**

バブル崩壊後、日本はデフレが続いていましたが、2022年に入ってインフレが起きつつありますから、資産を守るために不動産を購入する富裕層が増えるかもしれません。

私は20代の国税職員時代に埼玉県内のマンションを買い、その後2020年に同じ埼玉県内の分譲戸建て住宅に買い換えました。

都内に引っ越すことも考えたのですが、地元の学校に通っている息子たちのことを考慮して、学区が変わらない近場で買い換えたわけです。

新居の購入額は2500万円ほどでしたが、立地や4LDKの広さにしては手頃な価格で購入できたと思います。

驚いたのは、同じ区画にある分譲戸建て住宅が、私が入居した翌年に約4000万円で売りに出されていたことです。木材価格が高騰した「ウッドショック」や新築工事の遅れなどによる住宅の供給不足が要因だったと考えられますが、昨今のインフレもあって2022年に入っても、私が住むエリアの住宅価格は高くなっています。

結果論に過ぎませんが、私が家を買った2020年は長く続いていたデフレからインフレに転換する過渡期でした。**不動産はインフレに強い資産**といわれていますから、早めに購入を決断してよかったと思わされました。

規模はまったく違いますが、不動産を保有して資産を強固にする富裕層の気持ちが少しわかったような気がしました。

世帯主の世代別の家計資産構成（総世帯）

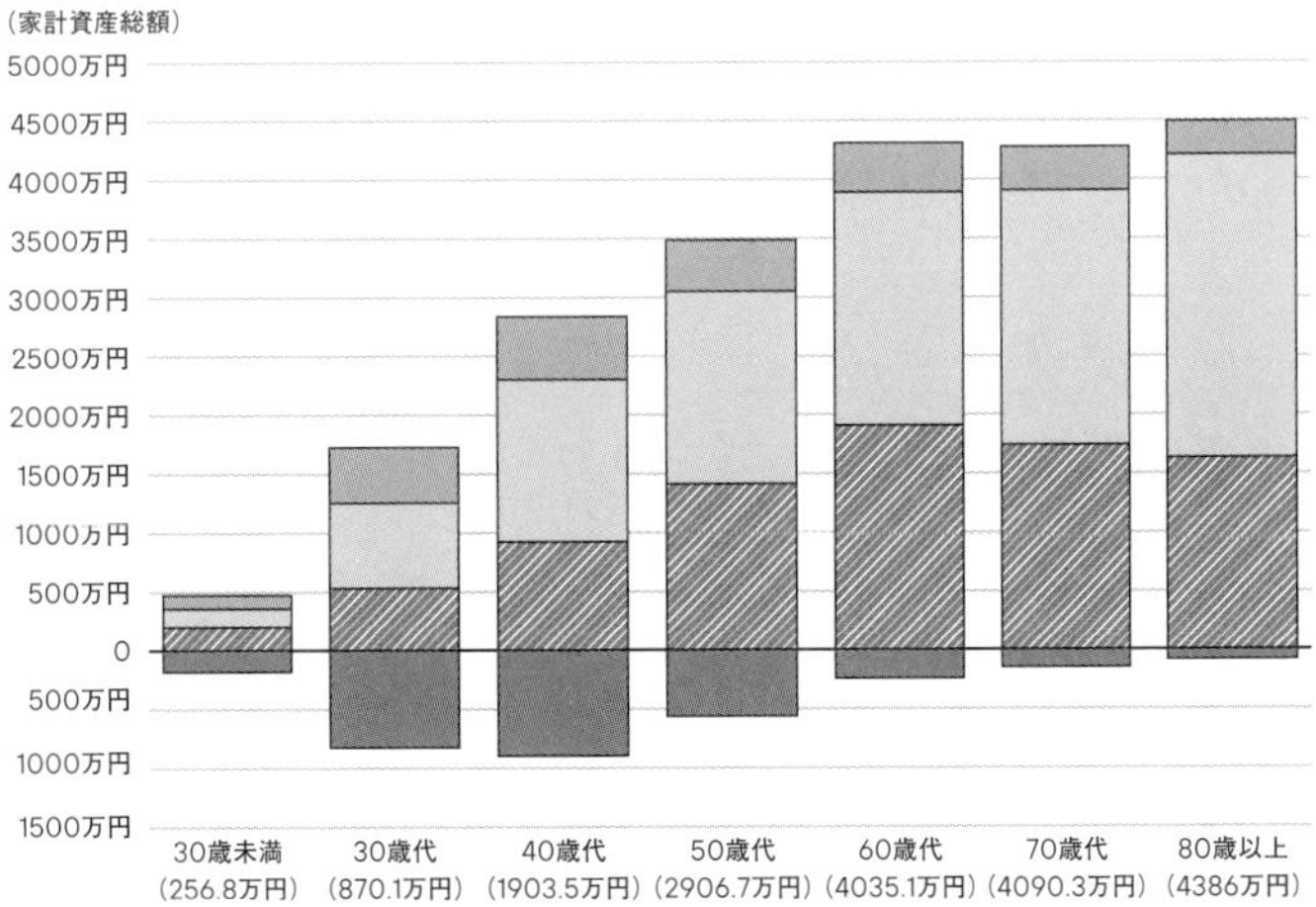

年間収入別の家計資産構成（2人以上の世帯のうち勤労者世帯）

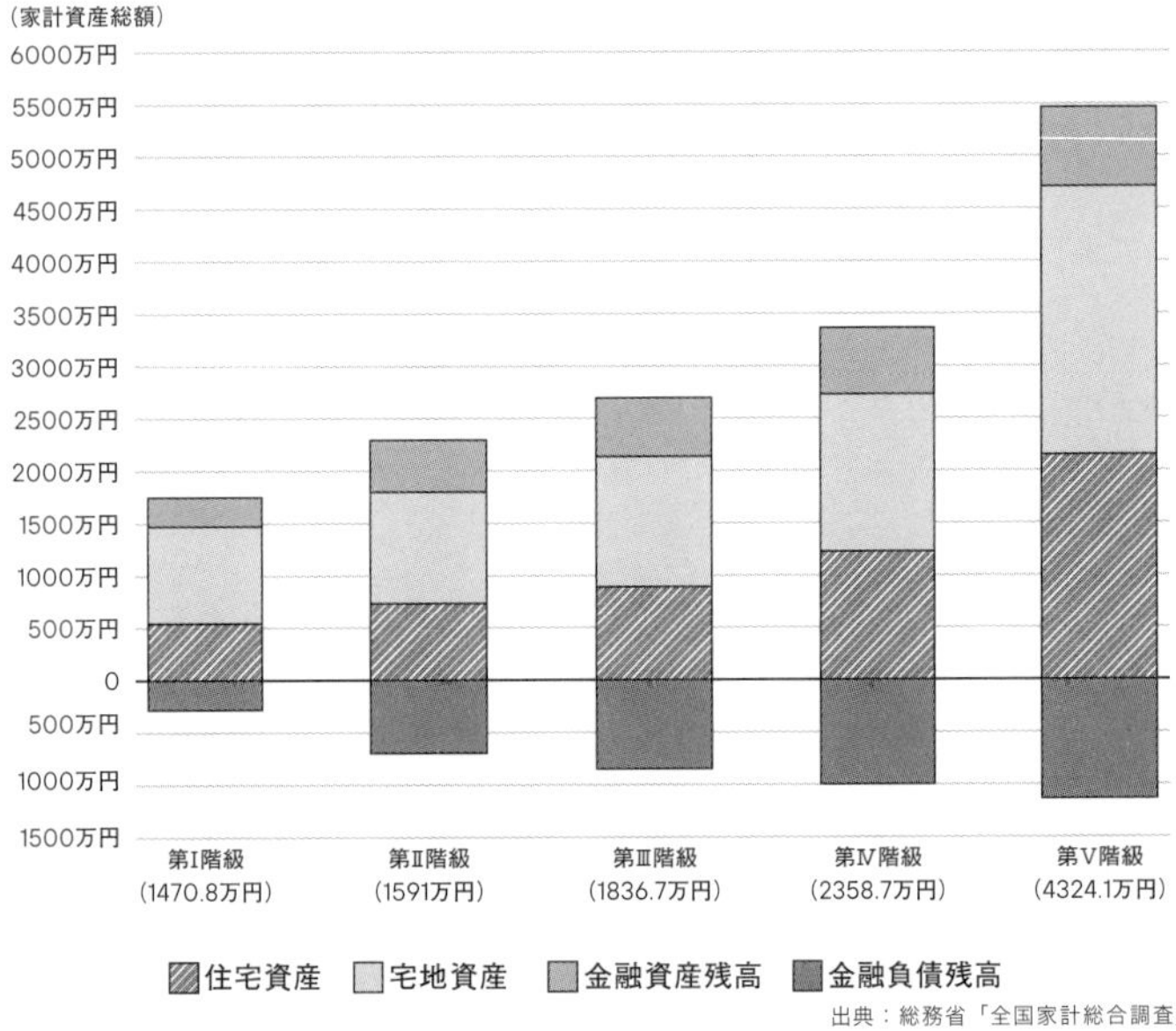

出典：総務省「全国家計総合調査」

賃貸物件で〝お得な節税〟をする

富裕層が亡くなる前に必ずといっていいほど考えるのが、不動産投資です。

私が関与したケースでは、子ども3人に、それぞれ賃貸マンションを残した人がいました。単に預金などの財産を残すのではなく、定期収入が入ってくる物件を残して、子どもたちの生活を守りたかったのでしょう。

富裕層にとって不動産投資は、相続税の節税手段でもあります。そのため、不動産会社や銀行などが、富裕層をターゲットに不動産投資をもちかけることが多いです。

相続税の計算をするときの不動産の評価額は、**「評価計算」**というもので算出されます。相続税の計算に使う不動産の評価額は、基本的に時価の8割ほどになるよう設定されているのです。

ここでポイントになるのが、**「不動産は時価よりも低く評価される」**という点です。

たとえば1億円の価値がある不動産を購入すると、相続税を計算するときには

8000万円ほどの評価額になるということです。

つまりどういうことかというと、**現預金を不動産にかえるだけで、相続税の課税価格を2割程度下げられる**というわけです。

購入した家や土地を賃貸すれば、さらに評価額を下げることができます。これは、家を借りている人の権利(借家権)や、土地を借りている人の権利(借地権)を差し引いて、相続税の評価計算をするというルールがあるからです。

たとえば、相続税の評価額が6000万円の土地と2000万円の建物があるとしましょう。これを時価に直すと1億円ほどと考えられます。

この土地・建物を空き家のままにしていると、計8000万円の評価額をもとに相続税がかかるわけですが、賃貸用として利用した場合、場所にもよりますが計5500万円ほどに評価額は下がります。

このような減額効果は、地価の高い土地ほどアップします。また、後ほど説明する**「小規模宅地等の特例」**という方法を使うと、さらに節税することも可能になります。

ただし、不動産を活用して過度な節税をすると税務署から指摘を受け、追徴課税を受けるおそれがあります。

この点については201ページのコラムであらためてとり上げます。

なお、このような相続税の節税は、以前は一般の人にとってあまり縁のないものでした。そもそも相続税がかかる人がわずかでしたから、節税を考えるまでもなかったのです。

しかし、相続税がかかる人の割合は、年々伸びています。2022年12月に国税庁が発表した情報によると、全死亡者のうち約1割の人が相続税を申告しており、**これは私が税務調査をしていた頃の2倍以上の割合**です。

少子高齢化により税収不足が続く日本において、今後はさらに多くの人が相続税の問題に直面すると予想されます。したがって、富裕層の節税法を理解しておけば、いつか役立つはずです。

習慣

11 富裕層は長期的なスパンで投資する

投資に詳しいわけではないけれど……

株式にせよ、不動産にせよ、富裕層は長期的な視点で投資をしています。数十年単位で資産を持ち続け、土地の値上がりや複利の効果によって資産を増やしているのです。

富裕層は意図的に長期投資をしているというよりは、「自然とそうなった」という人が多い印象があります。

そもそも富裕層は仕事で稼ぐのに忙しかった人が多いので、なかなか投資に時間を割くことは難しかったのだと考えられます。

相続税調査では、長期投資で大きな利益を得ているケースに遭遇することが少なくありません。そこで、相続人に話を聞くと、**「別に投資に詳しいわけではなかった」「昔に買った株が、いつの間にか高くなっていた」**という答えがよくありました。

「資産運用の成績がもっとよかった人は、亡くなった人と忘れている人」という都市伝説を耳にすることがありますが、これもあながち間違ってはいないのかもしれません。

ちなみに、短期的な売買で多額の儲けを得る「デイトレーダー」が話題になることがありますが、相続税調査ではそのような方法で資産を築いた人を見たことがありません。

短期的にデイトレードで稼げたとしても、これを維持するのはかなり難しいのです。

富裕層が無意識にやっている長期投資は、投資を成功させる王道といわれます。金融庁も長期投資を推奨していますし、私が過去に取材したプロの投資家たちも、口をそろえて長期投資の重要性を説いています。

長期投資が効果的な理由はいくつかあり、まずは「市場の成長性」が挙げられます。株価は短期では大きく値下がりするリスクはありますが、長期的に見ればおおむね値上がりします。

日本の株式はバブル崩壊によって大きく値下がりしましたが、それでも30年程度の長期投資をしていた人は、購入時よりも株価が伸びているはずです。

アメリカの株式市場はさらに成長性が高く、指数連動のインデックス投資でも10年以上の投資で元金の2倍以上に利益を出せるパフォーマンスを見せています。

もう1つの長期投資のメリットは、「複利」の効果によるものです。複利とは、投資した元本だけでなく、利息に対してさらに利息がかかるというしくみを意味します。

たとえば毎月10万円ずつ、年率5%で投資をしたとしましょう。経過年数によって、投資で得られる運用益は以下のようになります。

毎月10万円ずつ年率5%で投資すると

1年後➡元本120万円　運用益2万8000円
10年後➡元本1200万円　運用益352万8000円
20年後➡元本2400万円　運用益1710万3000円
30年後➡元本3600万円　運用益4772万6000円

投資リターン（収益率）年10%の複利効果

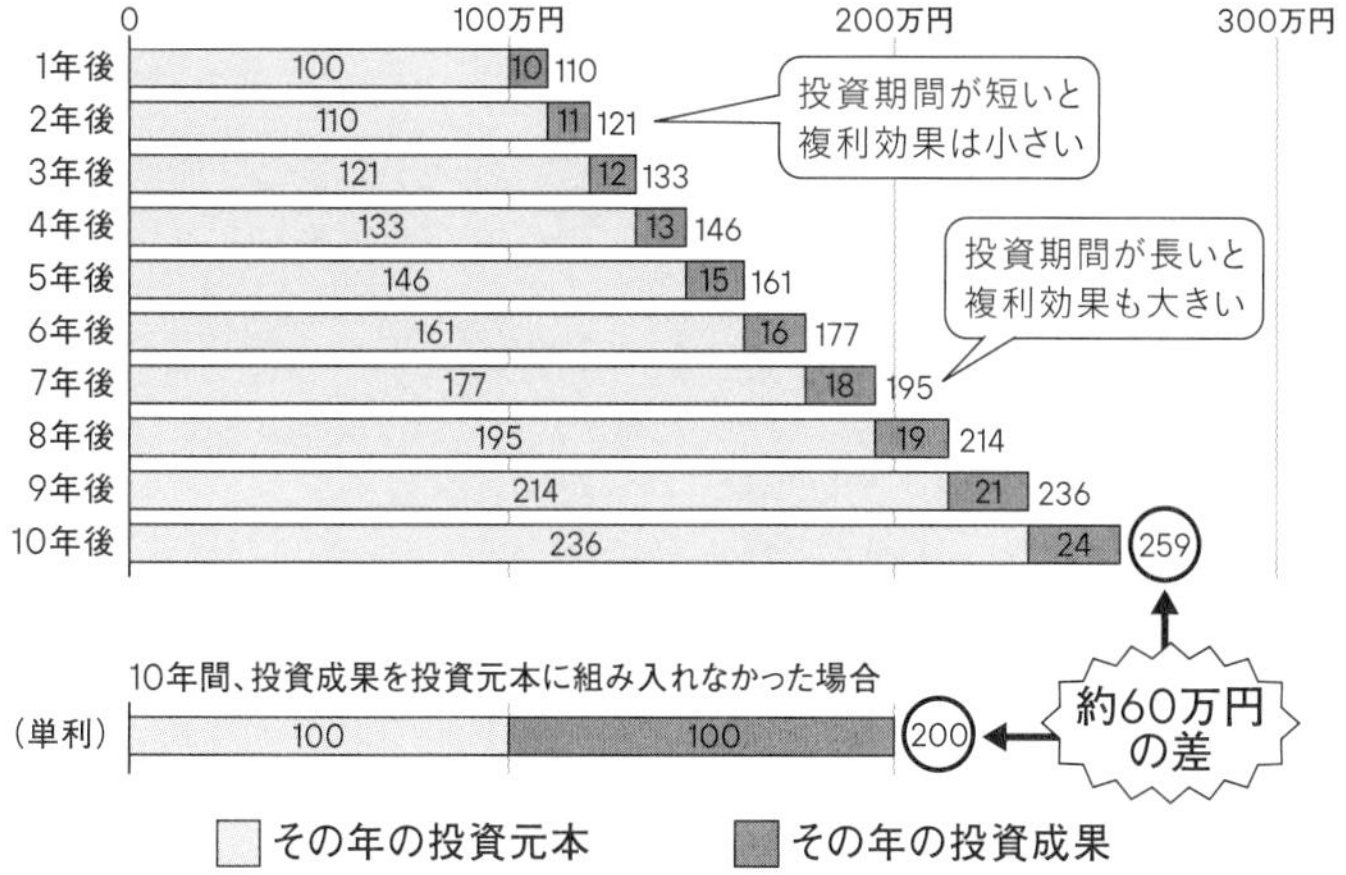

出典：金融庁

1年目よりも2年目、2年目よりも3年目といったように、投資期間が長くなればなるほど、1年あたりのリターンが大きくなるのが複利効果の特長です。20年、30年と複利で投資を続ければ、元本を数倍に増やすことも不可能ではありません。

こうした複利効果の恩恵を、富裕層は得やすい状況にあります。

お金が十分にない人は、まとまった資金を投資につぎ込んでも、生活費の不足などから頻繁にとり崩さざるを得なくなります。そうすると結果として短期的な投資になりがちなので、タイミングによっては株価の値下がりの影響をモロに受けてしまいます。

でも、富裕層であれば日常的な支出には事足りていますから、落ち着いて長期投資を続けられます。株価が下がっているときも冷静に投資を続けることができ、株価が上がる局面まで待てますから、その結果、コツコツと確実に資産規模を大きくできるのです。

ここ数年は投資ブームともいえますが、私が見てきた富裕層のように倹約が身についていないと、長期投資はできません。

少し株価が上がったからといって売却益で贅沢をするようでは、たいして資産を増やすことはできないでしょう。

投資をはじめるのは簡単ですが、継続できなければ意味がありません。まずは倹約してタネ銭をつくり、長期投資で複利のメリットを享受することこそが、富裕層のみならず私たちも肝に銘じるべき人生戦略なのです。

余談ですが、複利効果は投資に限ったものではありません。

新しい仕事や勉強などをするときも、複利効果がはたらきます。最初はほとんど進歩が見られなくとも、徐々に大きなインパクトを生み出せるからです。

これはフリーライターとして取材を重ねた経験からいえることですが、成功している人は必ず地道かつ長期的な努力をしています。

周囲の雑音に心を動かされることなく、ただひたすら行動を積み重ねる。これが投資に限らず、人生の成功につながることは間違いありません。

短期投資を繰り返した資産家の末路

長期投資で大きな資産を築いた人がいる一方で、富裕層のなかにも投資で大損をした人がいます。

あるとき、生前の収入などに照らして相続税の申告財産が少ない事案を調査したことがあります。そのときは財産隠しの可能性も視野に入れていたのですが、調査の結果、投資による損失で資産の大半を失っていたことがわかりました。

相続人に話を聞くと、「証券会社の人にいわれるままに売買をしていた」と、とても残念そうでした。その後、証券口座の動きを見ると、たしかに**頻繁に売買を繰り返して損をし**

ていることがわかりました。

短期投資はリスクが高いというのは、投資の常識です。でも、証券会社の担当者によっては頻繁に売買をもちかけてくることがあります。なぜなら、顧客が頻繁に取引をしてくれたほうが、証券会社は「手数料」を稼げるからです。

もっとも、そうして提案された金融商品がきちんと利益をあげてくれればいいでしょう。でも、けっしてそうではありません。**彼らは金融商品を売って手数料を稼ぐプロであっても、金融商品で儲けるプロではないからです。**

優れたアドバイスをくれる担当者がつく可能性がないわけではありませんが、それでも頻繁な売買は高リスクであることを理解しておかなくてはなりません。

証券会社がすすめる金融商品のなかには、一般の人が理解できないものもあり、意図せず大きな損を被るリスクがあります。

富裕層に対して、「ここだけ」「あなただけ」といったセールストークで高額投資をもちかける人は少なくありません。

私がよく覚えているのは、**「仕組債」と呼ばれる特殊な金融商品に投資をして、数百万円単位、ときには1000万円を超える損をしている人が多くいた**ことです。

仕組債とは、デリバティブ取引を組み入れた金融商品であり、高利回りをうたって販売されています。

株価や金利、為替などのメカニズムをとり入れた特殊なもので、非常に複雑です。

こうした金融商品は、一般的な債券などよりも高利回りをうたっているので、一見すると魅力的です。しかし、大きく値下がりする危険性を秘めているのです。

金融庁の「第1回　金融審議会　顧客本位タスクフォース」の資料では、2019年に販売された仕組債において、**3か月で元本の8割を失った投資家がいた**ことが明らかになっています。

短期投資をしたり、よくわからない金融商品に投資をしたりすると、せっかく築いた財産を失ってしまいかねません。そのようなことのないように、基本的に自分の頭で考え、しくみを理解できる金融商品に投資をすることが大切です。

たとえば**日経平均株価やアメリカのダウ工業株30種平均やS&P500といった主要な株価指数の値動きに連動する投資信託を選ぶのが、個人的にはおすすめ**です。

株価指数の動きは日々ニュースになっており、自分の資産が増えているのか、減っているのかを理解しやすいです。また、こうした投資信託は、手数料（管理費用）が0・1％程度と低コストで、比較的無難な金融商品が多い点も魅力的です。

国税職員時代、私は投資をすることはほとんどありませんでした。勉強のために証券口座を開いたものの、積極的に投資をすることはなかったのです。

というのも、税務署の仕事を通じて、投資で得をする人よりも、損をする人を数多く見てきたからです。

当時の私には、投資で勝つ人と負ける人の違いは理解できませんでした。税務調査はあくまでも儲かったという結果に注目するので、投資法の分析までですることはありません。

投資で得をするための基本的な方法を理解したのは、フリーライターとして独立した後のことです。

私はマネー系の記事を書く機会が多いため、資産運用のプロに取材をする機会がたくさんあります。その人たちが共通していうのは、**「とにかくコツコツと長期投資をする」「分散投資をする」**という2点です。

きちんと投資先を見極められる人であれば、短期投資や集中投資で利益を上げられるかもしれませんが、多くの人は投資に詳しくもなければ、あまり時間を割けなくもあります。そうした場合、リスクを抑えるために長期投資と分散投資を徹底すべきだというのがプロの共通見解なのです。

私自身、その教えを忠実に守り、少なくとも30年は運用を続ける計画で毎月コツコツと積立投資を続けています。

習慣

12

富裕層は海外投資をする

成長する海外にも投資して国内外でリスク分散

私は著名投資家ジム・ロジャーズ氏の書籍プロジェクトに関わったことがあります。ジム氏は、「21世紀は中国の時代」としていち早く中国の市場に投資したり、東日本大震災による株価低迷を受けた日本株を買い増ししたりして、グローバルに投資をすることで巨額の資産を築いた人物です。

38歳にしてセミリタイア生活に入るほどの資産を蓄えたジム氏が、なぜその後もわざわざ海外投資を続けているのか。そこには、富裕層ゆえのリスクマネジメントの感覚があるように思えます。

日本でも近年は海外資産をもつ富裕層が増えています。前述したプライベートバンクを通じて投資をしている富裕層はもちろん、日本の証券会社を通じて海外投資をしている人も年々増えているのです。

2022年に入り、急速な円安が進んだことで、日本円で資産をもつことのリスクが明らかになってきましたから、**今後はますますリスクヘッジのために海外投資をする富裕層が増えていく**でしょう。

富裕層の間で海外投資が過熱していることがわかるのが、国税庁が公開している「国外財産調書」に関するデータです。

国外財産調書は、毎年12月31日時点で、5000万円を超える海外財産をもつ人に提出が義務づけられているもので、国外にある財産の報告を求めるものです。

この国外財産調書の内容が集約された情報が公開されています。

「令和2年分の国外財産調書の提出状況について」を見ると、合計で4兆1465億円の海外財産が報告されています。ちなみに、**この半分以上が有価証券**です。

国税庁が公開している「国外財産調書」

海外財産の半分以上が有価証券

財産の種類	総額	構成比
有価証券	**2兆1225億円**	**51.2%**
預貯金	7208億円	17.4%
建物	4523億円	10.9%
貸付金	2010億円	4.8%
土地	1467億円	3.5%
上記以外の財産	5032億円	12.1%
合計	4兆1465億円	100.0%

出典：国税庁ホームページ

この年の国外財産調書の提出件数が1万1331件なので、単純に平均すると1件あたり3億7000万円ほどとなります。この情報だけを見ても、日本の富裕層がかなりの金額を海外投資にまわしていることが見てとれます。

日本は長らく経済成長が停滞しており、少子高齢化が続くことが予想されますから、今後も高い成長を期待しにくい状況にあります。そんな日本にだけ投資をしていたら、財産が減っていくリスクがあるため、成長の見込まれる海外に投資をすることが、富裕層に限らず、今後はますます志向されていくはずです。

私が積立投資をしているのは、おもに米国株の指数に連動するインデックスファンドで、日本の銘柄は選んでいません。

なぜそうしているかというと、自分が仕事で得る収入が日本円に依存していることから、通貨価値のリスク分散のために、世界の基軸通貨であるドルベースの米国株に投資するのが合理的と考えたからです。

先ほども述べたように、日本は急速に少子高齢化が進んでおり、これからは経済的に高い成長を期待できない状況にもありますから、先進国でありながら人口増加が続いているアメリカの株式を中心に投資をしています。

こういう話をすると、「日本人なのだから、日本に投資をして応援すべきだろう」と思う人もいるかもしれません。私が取材した資産運用のプロたちも、そのような意見をいわれることがあるそうです。

これに対して資産運用のプロたちは、**「海外に投資をして利益を得て、納税や消費によって日本経済に貢献すればいい」**と答えるそうです。

私もその考えに賛成です。

海外投資というと難しいイメージをもたれるかもしれませんが、とても簡単です。日本のネット証券などを通じて、海外の株式や投資信託などに手軽に投資ができる時代ですから、これを活用しない手はありません。

日本経済の先行きに少しでも不安を感じる人は、ぜひ海外投資について前向きに検討するべきだと思います。

いきなり海外の株式などに投資するのが不安であれば、まずは外貨預金をはじめるだけでも十分です。

これだけでも、海外の経済に興味をもつきっかけになり、海外投資にチャレンジしやすくなります。

習慣

13

富裕層は自社株をもっている

わずか1円が億単位の資産になり得る

上場企業の社長と中小企業の社長を比べると、上場企業の社長のほうがお金持ちというイメージはないでしょうか？　しかし、実際には中小企業の社長のほうが資産をたくさんもっているケースが少なくありません。

たしかに上場企業の社長になると高い役員報酬をもらえます。労務行政研究所の調査によると、上場企業を中心とする大手企業の社長の年間報酬は平均で約4676万円です。

しかし、日本の上場企業のトップは〝雇われ社長〟が多く、短期間で交代するため、実はそれほど大きな資産を築けていない可能性があります。

一方、中小企業の社長は任期が終わっても再び社長として選任されることが多く、長期にわたって報酬を受けることができます。

しかも上場企業と違って、株主が親族だけで固められていることが多いので、**自分の給料を自由に決められます**。会社が儲かっていれば、その利益を役員報酬という形で直接懐に入れられるのです。

さらに、中小企業の社長には、**「自社株をもっている」**という強みがあります。

中小企業では基本的には「社長＝最大株主」ですから、会社の株式（未公開株）という資産をもつことになり、これが資産規模を増やすことにつながるのです。

このように、自分の会社が成長し、その結果として大きな資産になるのは、とても夢のある話です。

会社法が改正されたことによって、今は資本金1円から会社を設立できます。登録免許税などの初期費用を含めても、最低20万円ほどで済むでしょう。

それくらいの初期投資をかければ、誰でも未公開株をもつことができるのです。

ファーストリテイリングの大株主は「柳井」が多い

株主名	持株数（株）	持株比率（%）
日本マスタートラスト信託銀行株式会社（信託口）	22,907,300	22.42
柳井　正	**22,037,284**	**21.57**
株式会社日本カストディ銀行（信託口）	11,108,100	10.87
テイテイワイマネージメントビーヴイ	5,310,000	5.20
柳井　一海	**4,781,808**	**4.68**
柳井　康治	**4,781,277**	**4.68**
有限会社Fight&Step	4,750,000	4.65
有限会社MASTERMIND	3,610,000	3.53
柳井　照代	**2,327,848**	**2.28**
JPモルガン・チェース銀行	2,148,607	2.10

（2022年8月31日現在）

その会社を成長させることができれば、結果として財産を大きく増やせます。20万円程度のお金を出して設立した会社が、億単位の資産価値をもつこともあり得ます。

また、今はM&A（合併・買収）の件数が増えていますから、成長させた企業の未公開株を売って、老後に多額のキャッシュを手にすることも、けっして不可能なことではありません。

相続税の調査対象には中小企業経営者が少なくないのですが、その背景には未公開株の存在もあるのです。

私も国税職員を辞めて個人事業主として独立しましたが、その1年後に「法人成り」をして合同会社を設立しました。自分の会社を所有するようになったということです。

このように自分の会社や事業を資産として考えると、仕事のモチベーションにつながることを実感します。これは組織から給料をもらって働いていた頃にはなかった感覚です。

ちなみに、上場企業の経営者のなかでも、自社株を保有する経営者の資産規模は桁違いです。

2022年にフォーブスが発表した日本の長者番付のトップは、ファーストリテイリングの会長兼社長の柳井正氏でした。保有する資産は約236億ドル（約3兆円）で、その多くは自社株とされています。

前ページにあるように、ファーストリテイリングの大株主上位には「柳井」が4人もいます。

起業にリスクはつきものですが、独自のアイデアや技術をもつ人は、会社を設立したり、事業オーナーになったりして、株式の価値を高めることが富裕層への近道になります。

習慣

14 富裕層は分散投資でリスクを抑える

分散投資は世界の富裕層の常識

以前、グローバル並行起業家の小里博栄氏にインタビューをしたことがあります。

小里氏は、オックスフォードの大学院を卒業後、「ダイソン」など複数のグローバル企業で仕事をした後、起業をしたという人物です。現在は、インドを中心にイギリスや日本、シンガポールなどで、計16の事業やプロジェクトを同時に動かしています。

その小里氏に成功の秘訣を尋ねたところ**「マルチプル（複数）を意識すること」**と教えてくれました。

小里氏は、かつてタイで起業をしていたのですが、１９９７年のアジア通貨危機によってタイの通貨が暴落し、手痛い失敗をしたことから、1つの国や通貨に依存するリスクを痛感したそうです。

それ以来、常に複数の国で、複数の事業を展開して、複数の通貨を稼ぐというやり方にシフトし、ビジネスや資産を強固にしています。

このように、リスクに対する意識の高い富裕層は、収入や資産を分散しています。預金だけ、株式だけ、不動産だけ、といったことはなく、バランスよく資産を分散させているのが特徴的です。

世界の資産家の投資傾向などをまとめた「World Wealth Report 2022」では、100万ドル以上の資産をもつ人が保有する金融資産の内訳が示されています。

これによると、2022年の数値として、**現預金24%、株式29%、不動産15%、債券18%、オルタナティブ（未公開株など）14%**という結果でした。

分散投資が資産形成に役立つのは、シンプルに総体的なリスクを抑えられるからです。

たとえば1つの会社の株式に資産を集中させていたら、その会社の株価が下がると資産を一気に失ってしまいます。

ですが、複数の会社の株式に投資をしておけば、リスクを下げることができます。さらには、**債券や不動産などにも分散投資したり、投資する国や地域を分散させたりすること**も有効な手段です。

分散投資の例
- ☑ 異なる「業種」の銘柄に投資する
- ☑ 異なる「国」の銘柄に投資する
- ☑ 異なる「資産（株式・債券・不動産など）」に投資する

集中投資の怖さを私が知ったのは、やはり国税職員時代のことです。

あるとき、確定申告の相談対応をしていた私のもとに、株式の売却損を申告したいという30代くらいの男性が訪れました。

取引の書類を見ると、なんと1年あたりの損失の額が数千万円単位。さらに、過去数年にわたって毎年のように大きな損失を申告していたのです。

詳しい話を聞いたところ、相続財産を元手に株取引をはじめたところ、負け続けたとのこと。**たとえ億単位の遺産があっても、あっという間になくなることがある**のです。

このようなケースを目の当たりにして、私は個別株に集中投資はしないことにしました。分散投資のメリットはリスクが抑えられることだけではありません。精神的な安定につながることも、私が分散投資を心がけている理由です。

もしも特定の株式などに集中投資をしていたら、きっと株価の変動が気になって仕事が手につかなくなるでしょう。

値下がりが続けば、「このまま持ち続けるべきか、ほかに買い換えるべきか」といった迷いが生まれるはず。その結果、短期で株式を売却するようなことにもなりかねません。

でも、インデックスファンドを通じて数百の株式に分散投資をすれば、一部の株式が値下がりしたとしても、ほかの株式の成長で補われるわけですから、心配が薄れます。

長期分散投資は富裕層のみならず、私たちにも有効な鉄則です。もしも自分の資産のほとんどが預金などに偏っているのであれば、インデックスファンドなどに投資をして、より効率的にお金を増やしていきましょう。

投資信託を使えば簡単に分散投資できる

富裕層は、「投資信託」に投資をして、効率的に分散投資をしている人も多いです。

分散投資をしようとしても、膨大な数の金融商品を1つ1つ買っていくのは大変です。

たとえば、数百の銘柄の株式に分散投資すると考えてみてください。米国株なら1株から買えますが、日本株は基本的に100株単位での取引なので、銘柄ごとにまとまったお金が必要ですし、購入後の管理も大変です。

こうした問題をまとめて解決してくれる金融商品が、「投資信託」といえます。

投資信託は、運用会社に資金を預け、これを運用してもらうというスタイルの商品です。投資信託を運用する運用会社は、株式の購入や売却などの判断をして、さまざまな銘柄に分散投資をしてくれます。

また、投資信託の商品にも種類があり、おおむね次ページのように分類されます。たとえば海外株式で分散投資をしたければ、海外株式型の投資信託を買えばいいだけですから、

投資信託のおもな種類

投資対象	国内	海外
株式	国内株式型	海外株式型
債券	国内債券型	海外債券型
REIT（不動産投資信託）	国内REIT	海外REIT
その他資産	ゴールド（金）や原油など上記以外の投資信託	
資産複合	上記の複数の資産に分散投資する「バランス型」と呼ばれる投資信託	

とても簡単です。

こうした分類のほかに、投資信託には**「インデックス型」**と**「アクティブ型」**という分類もあります。

インデックス型とは、さまざまな「指数」の動きに連動するように設計されている投資信託で、「パッシブ型」と呼ばれることもあります。日経平均株価（日経225）やTOPIX（東証株価指数）、アメリカのダウ工業株30種平均やS&P500など、さまざまな指数に連動するインデックスファンドが販売されています。

また1本で全世界の株式に分散投資できる

便利な投資信託もあります。

「eMAXIS《イーマクシス》 Slim《スリム》全世界株式（オール・カントリー）」は、「オルカン」の通称で個人投資家の間で人気（「投信ブロガーが選ぶ！ Fund of the Year 2021」第1位）で、信託報酬（運用管理費用）は0・1144％以内と低コスト、それでいて平均的な利回りは7％以上あり、つみたてNISAやiDeCoでもとり扱われています。

インデックスファンドが優れている点はいくつかありますが、まずは分散投資が簡単にできるという点です。

日経225やS&P500などの株価指数に連動するので、たとえば日経平均のインデックスファンドを買えば、それだけで225社に分散投資をしたのと同じ効果を得られます。

もっとも、分散の効果を高めたいのであれば、やはり海外の株式にも目を向けたいものです。先ほど触れた全世界株型のインデックスファンド「オルカン」を買えば、世界中の株式に分散投資ができます。

また、インデックスファンドには、「コストが抑えられる」というメリットもあります。

投資信託の保有中にかかる「信託報酬」の率が0・1％程度と低いため、長期投資をするのに合っています。

一方、アクティブ型は、インデックスファンドのパフォーマンスを上回る成果を目指す投資信託なのですが、長期的に見るとインデックスファンドのパフォーマンスを超えるアクティブファンドは、実のところあまり多くありません。

とくにアクティブファンドには信託報酬が高いというデメリットがあり、低コストの投資信託が選別されているつみたてＮＩＳＡの対象商品でも、**インデックスファンドの信託報酬は0・1～0・5％**であるのに対して、**アクティブファンドの信託報酬は0・9～1・3％**と、やはり差が出ています。

このコストは運用している間はずっとかかるものですから、長期投資であればあるほど影響が大きくなっていきます。

富裕層のように潤沢な資金がなくとも、インデックスファンドに投資をすれば簡単に分散投資をすることができます。

インデックスとアクティブの信託報酬とパフォーマンスの比較

	インデックス（上段） アクティブ（下段）	平均信託報酬	平均トータルリターン		
			1年	5年（年率）	10年（年率）
国内株式	日経225連動型	0.40%	44.37%	13.23%	12.87%
	国内大型グロース	1.41%	39.24%	11.53%	11.92%
先進国株式	MSCIコクサイ（円ベース）連動型	0.41%	48.77%	13.91%	13.19%
	国際株式・グローバル・除く日本（F）	1.43%	50.09%	10.25%	7.88%
国内REIT	東証REIT指数連動型	0.39%	35.73%	4.95%	10.47%
	国内REIT	0.98%	37.05%	4.79%	10.53%
国内債券	NOMURA-BPI（総合）連動型	0.25%	-1.12%	-0.28%	1.27%
	国内債券・中長期債	0.40%	-0.19%	-0.08%	1.29%
先進国債券	FTSE世界国債（除く日本、円ベース）連動型	0.39%	5.56%	2.34%	4.87%
	国際債券・グローバル・除く日本（F）	1.21%	11.67%	2.34%	3.62%

出典：モーニングスター（2021年4月末時点）

投資について詳しくない人は、インデックスファンドに投資をすることが難しいと思うかもしれませんが、とても簡単です。

私がインデックスファンドの積立投資をはじめたのは、ある投資系ブロガーを取材したことがきっかけでした。インタビューを通じてインデックスファンドで利益を着実に増やせるしくみに納得できたので、自分でもやってみようと思ったのです。

もともと国税職員時代に勉強のために証券口座を開設していたので、インデックスファンドの積立投資の設定をするのに1時間もかかりませんでした。

口座を開設していたのはネット証券だった

ので、すべてネット上で手続きが完了し、あまりにも簡単だったので驚いたくらいです。

あのときに積立投資をはじめたインデックスファンドの総資産額は、その後、着々と増えています。

「投資は難しそうだからできない」という人は、複雑に考えすぎているのかもしれません。

まずは少額からでもいいので、行動を起こせば、新しい世界が広がるはずです。

習慣

15 富裕層は借金を資産形成に生かす

生活のためではなく投資のために借金する

私が新人の国税専門官だった頃、不思議に感じたのが、多くの富裕層が借金を抱えていたことでした。

お金の知識がなかった頃の私は、「借金を抱える人は収入の低い人」という思い込みがあったので、「こんなに資産があるのに、どうして借金をするんだろう？」と思ったのです。

みなさんも**「富裕層の多くが、実は膨大な借金を抱えている」**と聞くと、意外に感じるのではないでしょうか。

しかし、**富裕層が借金をするのは、実に合理的なこと**だと、その後、わかりました。

相続税の申告書には、故人の財産だけでなく「借金」も記載されています。相続税を計算するとき、借金を差し引くことができるからです。

同じ借金でも、資産のない人の借金と、富裕層の借金では目的がまったく違います。

資産のない人の場合、生活費などの不足を補うためにお金を借りることが一般的です。「家や車を買いたいけれどお金が足りないからローンを組む」「生活費が足りないから消費者金融でキャッシングをする」といった感じです。

こうした借金の場合、経済的な利益につながるわけではありません。むしろ金利や手数料などで損をしているケースのほうが多いでしょう。

そして、借金を返せなくなれば、自己破産という末路も待ち構えています。

一方、**富裕層は「投資」として借金**をしています。たとえ借金をして金利や手数料を負担することになっても、それ以上のリターンを期待できるからこそ、借金をしているわけです。

投資の利益を増やすには、「レバレッジ」をきかせることが有効なこともあります。

借金は信用力に応じて多く借りられるので、たとえば1億円の資産をもつ富裕層なら、10億円の借金をすることも難しくはありません。その10億円を投資して運用すれば、1億円をそのまま投資するよりも効率的です。

また、**一般の人よりも富裕層のほうが有利な条件で借金ができる**という点もポイントです。多額の資産をもつ富裕層の場合、貸し倒れのリスクが低いため、金利や返済期間などの条件が優遇されます。

富裕層は銀行から融資を活用した不動産投資を提案される機会も多く、比較的容易に賃貸物件を所有することができます。

あとはその賃貸物件が家賃収入などを生み出してくれるので、空室などを加味しながら初期投資に対して余裕をもったリターンを設定できれば、返済に困ることがありません。やがて借金を返し終われば、賃貸物件が資産として残ります。

簡単にいうと、このようにして富裕層はますます豊かになっていくというわけです。

富裕層の家計を知ったことで借金のプラス面を認識できたのは、私にとって大きな出来事でした。学生時代に奨学金という名の借金を1000万円ほど背負った私は、そのことをマイナス面でしか捉えられませんでした。

自分は、社会人のスタート地点から、ほかの人に比べて大きなハンディキャップを負っていると思っていたのです。

でも、あの奨学金をプラス面から捉えると、解釈が変わることに気づきました。

高校時代から奨学金を得ていたのですが、おかげで高校と大学に通えたのは紛れもない事実ですし、奨学金を得ていなければ、私は国税専門官になることはなかったでしょう。

もちろん、こうして富裕層についての本を書くこともなかったはずです。

そう考えれば、私は奨学金という名の借金を活用して、大きなリターンを得たといっても過言ではありません。

倹約が大切である一方、お金は使わなくては意味がありません。ときには預金や借金などを活用して自己投資をすることが、自分の収入を増やすことにつながります。

将来に向けて適切にお金を投じることも、一生お金に困らない生活を築くうえでは大切なのです。

習慣

16 富裕層は税負担の軽い退職金で財産を増やす

退職金は最大の節税チャンス

富裕層の資産形成を語るうえで、「退職金」を外すわけにはいきません。といっても、一般の会社員の退職金とはわけが違います。

膨大な退職金を手にして、これで老後の生活を盤石にするのが富裕層の王道です。

とくに**中小企業経営者の場合、退職金の金額をある程度自由に決められます**から、退職金を会社の経費にして法人税の節税に役立てつつ、個人の資産形成を図ることができるのです。

さらに、社長が受けとった退職金についても、税金があまりかからないしくみになっています。その理由が、**「退職所得控除」**。この控除をフル活用することで、税負担を極力抑えながら個人資産を増やすことができます。

詳しい計算方法は割愛しますが、仮に勤続年数を30年とすると、1500万円までの退職金は無税になります。さらに、たとえ退職金が1500万円を超えて2000万円だったとしても納税額はトータルで35万円ほどにしかなりません。

これは、**給料などにかかる税金に比べると圧倒的に低い税負担率**なのです。

私が東京国税局を退職したときは、380万円ほどの退職金をもらいました。退職金は独立後の生活を支える貴重なものですから、税金が引かれなくて助かりました。

iDeCoで退職金を増やす

富裕層の共通点とは少しずれますが、これからお金を増やそうとする人は、個人型確定拠出年金(iDeCo)を使って自分で老後資金を蓄えることが有効です。私も、月々の掛け金の上限金額いっぱいまで使っています。

預金に金利がつかない今、資産を増やすには投資が必要です。しかし、利益に対して約2割の税金がかかります。もっとも、ｉＤｅＣｏなどの優遇税制措置を使えば、こうした税金をなくすことができます。

今後は、富裕層の共通点に、ｉＤｅＣｏなどの投資にまつわる優遇措置をフル活用していることが加わるはずです。

ｉＤｅＣｏの基本的なしくみは、毎月一定の掛金を積み立て、これを運用した金額を原則60歳以後に受けとるというもの。受けとり方は「一括方式」と「分割方式」を選べ、一括なら「退職金扱い」、分割なら「年金扱い」で、このときは税金がかかります。

ｉＤｅＣｏには複数の節税メリットがあり、まずはｉＤｅＣｏの掛金は全額「小規模企業共済等掛金控除」の対象となります。たとえば年間50万円をｉＤｅＣｏの掛金として出した場合、その人の所得から50万円を差し引いて税金を計算するということです。

高収入で税負担が重い人こそ、ｉＤｅＣｏを使うことで大きな節税効果を得ることができます。たとえば年収１０００万円を超える会社員であれば、所得税と住民税をあわせて40％ほどの税率になります。ということは、**ｉＤｅＣｏの掛金の4割程度の節税効果を期待できる**ということです。ただし、ｉＤｅＣｏの掛金は上限が決められています。企業年金のない会社に勤めている人であれば、月額2万3000円が上限です。

ｉＤｅＣｏの節税メリットはほかにもあり、運用益が非課税になるうえ、60歳以降の受取時に控除が適用されます。

もしｉＤｅＣｏの給付金を一括で受けとれば、退職金扱いですから、前述の「退職所得控除」を利用できます。分割の場合も退職所得控除より節税効果は落ちますが、「公的年金等控除」によって税負担を抑えられます。

ｉＤｅＣｏのほかにも、企業型確定拠出年金や、つみたてＮＩＳＡといった投資のリターンが非課税になる優遇税制措置がありますから、資金の余裕があるのであれば、こうした各制度を併用することで、さらに節税の恩恵に与ることも可能です。

日本政府は「貯蓄から資産形成へ」のスローガンのもと、今後も投資関連の優遇税制措置を続けると予想されますので、この流れをとらえる富裕層はさらに資産を増やしていくことでしょう。

個人型確定拠出年金（iDeCo）の拠出限度額

加入資格		拠出限度額
（第1号被保険者・任意加入被保険者） 自営業者等		月額6.8万円 （年額81.6万円） （国民年金基金または国民年金付加保険料との合算枠）
（第2号被保険者） 会社員・公務員等	会社に企業年金がない会社員	月額2.3万円 （年額27.6万円）
	企業型DC※1のみに加入している会社員	月額2.0万円※3
	DB※2と企業型DC※1に加入している会社員	月額1.2万円※4
	DB※2のみに加入している会社員	月額1.2万円 （年額14.4万円）
	公務員	月額1.2万円 （年額14.4万円）
（第3号被保険者） 専業主婦（夫）		月額2.3万円 （年額27.6万円）

2022年10月から企業型DC加入者が入りやすくなった

※1　企業型DCとは、企業型確定拠出年金のことをいう。
※2　DBとは、確定給付企業年金（DB）、厚生年金基金、石炭鉱業年金基金、私立学校教職員共済をいう。
※3　企業型確定拠出年金（企業型DC）のみに加入する場合
　　月額5.5万円ー各月の企業型DCの事業主掛金額（ただし、月額2万円を上限）
※4　企業型DCとDB等の他制度に加入する場合
　　月額2.75万円ー各月の企業型DCの事業主掛金額（ただし、月額1.2万円を上限）

出典：iDeCo 公式サイト

コラム

2 富裕層の「タワマン節税」を国税が狙う

昨今の富裕層は、都心のタワーマンション（以下、タワマン）を積極的に購入しています。実は富裕層の多くは、地に足がついた暮らしを好むのか、戸建てに住んでいるのですが、それでもタワマンを買うのは「不動産投資」と「相続税対策」のためです。

都心のタワマンは世帯年収が1500万円を超える共働き世帯（パワーカップル）に人気があり、高い家賃収入が見込めます。たとえば東京都港区のタワマンの場合、広さにもよりますが高層階なら家賃は30万円を下りません。

さらに前述したように、賃貸不動産をもつことで相続税対策になります。このしくみを活用した手法が、**「タワマン節税」**と呼ばれるものです。

タワマンの取引価格を見ると、階層が高くなるほど高値で設定されています。都心の場合、1階と最上階では、同じような広さでも1000万円単位で価格差が出ることが普通です。

ところが、**相続税のルールでは、土地の所在地と床面積が同じであれば、何階であっても基本的には同じ評価額**なのです。

また、マンションの場合、敷地の評価額は同じマンション内の戸数で分ける計算をします。そのため、戸数の少ない小規模なマンションよりも、戸数の多いタワマンのほうが、1戸あたりの敷地の評価額は低くなりやすいです。

このような理由から、**タワマンの高層階を買って賃貸に出せば、相続税を計算する際、時価よりもかなり低い評価額に抑えられる**メリットがあるわけです。

このようなタワマンを、ローンを組んで購入したらどうなるでしょうか？

相続税申告書には、タワマンがプラスの財産として、ローンの残債がマイナスの財産として計上されます。そして多くの場合、タワマンの評価額よりもローンの残債のほうが大きくなります。

たとえばタワマンの評価額が5000万円で、ローンの残債が8000万円であれば、マイナス3000万円ですから、タワマンには相続税がかからず、さらには**ほかの財産にかかる相続税も引き下げてくれる**というわけです。

タワマンなどの不動産を活用した節税方法には、実は国税当局が目を光らせています。国税局や税務署から「著しく不適当」と判断され、時価に基づいて不動産を評価されるケースが多数出ているのです。このように時価で評価計算されると、相続税の負担は確実にアップしますし、多額の追徴税がかかる可能性が高いです。

こうした国税の処分に対して、納税者が訴訟を起こすケースも出ているのですが、2022年4月には、納税者が敗訴となる最高裁判決がありました。

その結果、**訴えを起こした納税者に対して3億円を超える追徴課税が確定**したのです。

この判決がおよぼす影響は未知数ですが、〝行き過ぎた節税〟について国税による監視の目が今後ますます強化されることは間違いないでしょう。

第3章

【生活】富裕層は大きな犬を飼う？

習慣

17 富裕層は賃貸でなく持ち家に住む

年収と持ち家率は比例する

「賃貸か持ち家か」という議論はいまだに尽きませんが、富裕層の多くは持ち家に住んでいます。私自身は相続税調査で、**賃貸住まいの富裕層を一度も見たことがありません**。

ごく稀に、相続税の申告書に持ち家が書かれていないケースがあったのですが、これは生前に親族に名義変更をしていたり、老人ホームに転居したりしたケースです。

総務省の統計でも、世帯主の年収が高いほど、持ち家率が高くなることが示されています。年収400万~500万円の持ち家率は66・2%ですが、**年収2000万円以上の世帯になると9割に迫る**水準です。

では、なぜ富裕層は持ち家派が多いのでしょうか？

1つには、富裕層には先祖代々引き継いできた土地や家屋があるケースが多いことがあります。相続した持ち家があれば、固定費としてもっとも大きな住居費を抑えることができて、資産形成に有利であることは間違いありません。

もう1つの理由は、優遇税制措置の影響があると考えられます。章末のコラム（201ページ）で詳しく解説しますが、住宅ローン控除をはじめとする優遇税制措置があり、節税することができます。

ちなみに、よくいわれる持ち家のデメリットに「簡単に引っ越せない」という面があります。しかし、ある程度の収入や資産のある人であれば、あまり気にならないようです。

相続税申告に多く携わっている税理士の話によれば、富裕層のなかには、マンションを頻繁に購入して転居を繰り返している人もいるそうです。

自分が住みたいマンションでしばらく生活し、飽きたら別のマンションを購入して引っ越す。そして前の住まいは賃貸に出して家賃収入を得る。このように、**自分の転居と不動産投資を絡めて自由度の高い生活を送れている**というわけです。

世帯主の年収別の持ち家世帯率

年収が高いほど持ち家世帯率が上昇して民営借家の割合が低い

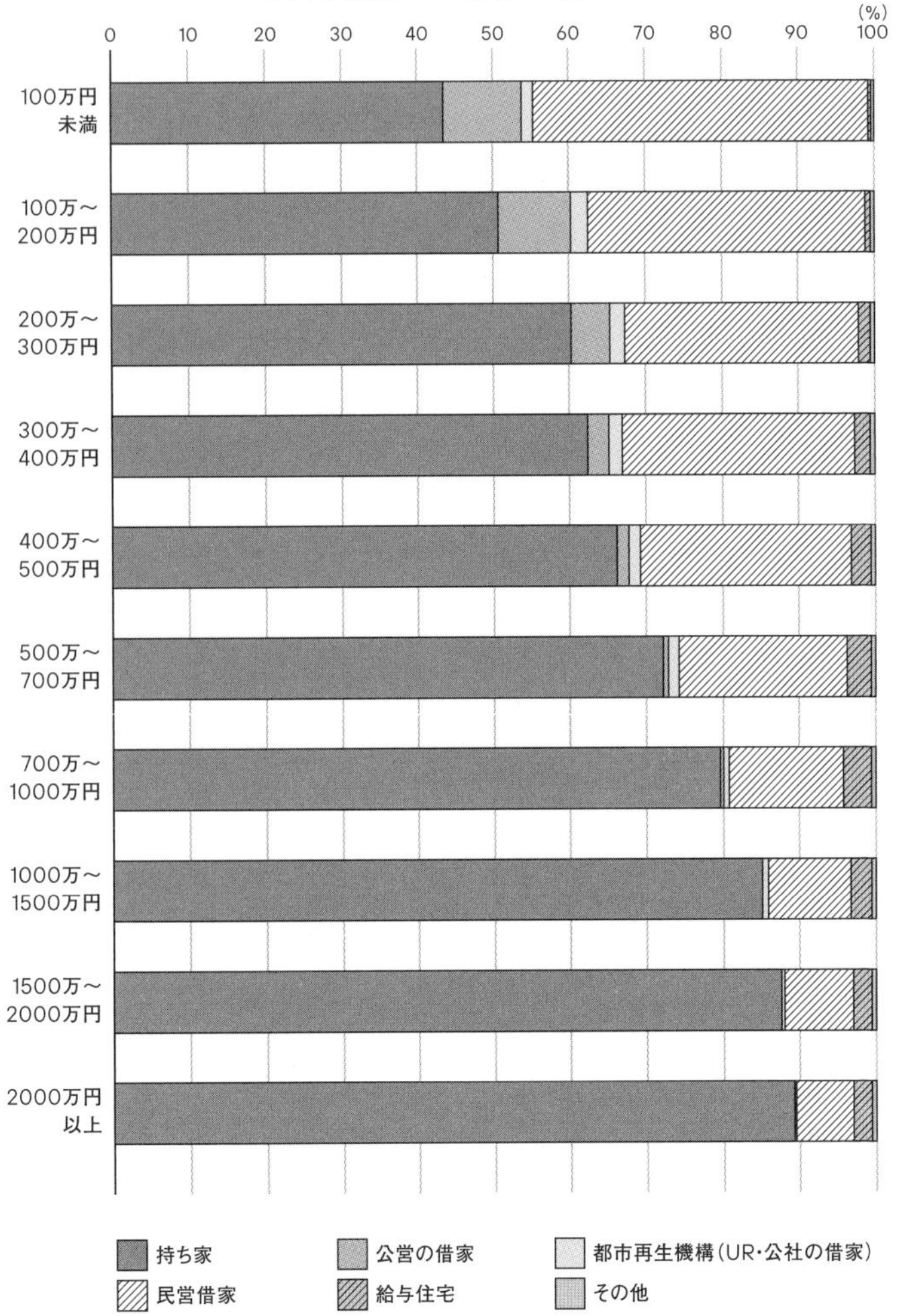

出典：総務省「住宅・土地統計調査」(2013年)

ワケがあって家が広い

富裕層の自宅にうかがうたびに感じたのが「家が広い」ということでした。

私が担当した事案の多くは、庭つきの戸建て。なかには立派な庭園がついているお宅もあり、周囲は高い壁で囲まれていて、外からの視線をふさいでいました。

もちろんマンション住まいのケースもありましたが、その場合もやはり高級で広い物件がほとんどでした。

とくに印象に残っているのが、丘の斜面に建てられた独特のデザインのマンション。丘に沿うように建物が並び、各階が斜行エレベーターでつながる特殊な構造になっていました。斜めに動くエレベーターに乗ったのは、後にも先にもあのときの1回だけです。

いずれにしても、富裕層の広い自宅のなかに入ると、**部屋のモノがきれいに片づいていて、ゆったりとした居住空間があった**ことも印象に残っています。

テレビでときどき、ゴミ屋敷といわれるような散らかった家を目にすることがあります。

家のなかのモノの数という意味では、お金持ちのほうが少ないのかもしれません。

また、統計によると、年収と家の広さには相関関係があるようです。

次ページは賃貸のデータではありますが、最低居住面積未満の広さに住んでいる世帯は、年収が高くなるほど少なくなっています。


さらにこの統計を読み解くと、1住宅あたりの居住室の広さ（畳数）は、全国平均が32・91畳で、持ち家は41・49畳、賃貸は18・14畳となっています。

地域性もあるようで、持ち家の居住室の広さは富山県が53・83畳と最も広く、東京都が34・76畳と最も狭くなっていました。


理想的な家の広さに関しては、人によって意見が分かれるところです。使わない部屋があっても無駄だし、掃除の手間もかかるから、必要最低限の広さでいいという考えもあるでしょう。

ただ、「大は小を兼ねる」という言葉があるように、私は最低限必要だと思う広さ以上があったほうがいいと実体験から考えています。

世帯年収と家賃・居住面積

民営借家における年収と家賃の関係

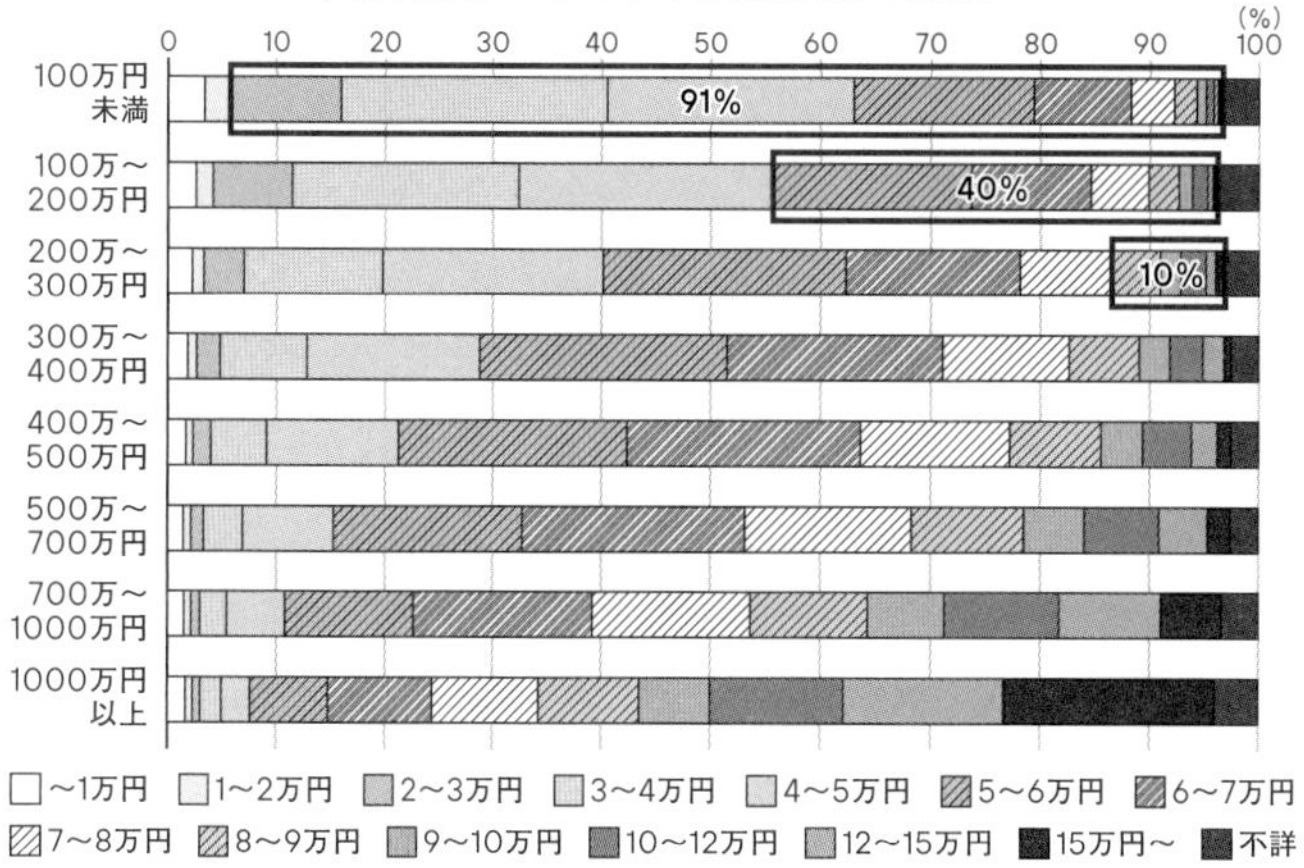

出典：総務省「住宅・土地統計調査」（2013年）より厚生労働省作成

- 年収階級別の家賃負担をみると、年収の低い世帯において、月収に占める家賃負担の大きい世帯が多い
- 最低居住面積未満の世帯も年収の低い世帯に多く、その割合も高い傾向

民営借家における年間収入と最低居住面積未満の世帯数・割合の関係

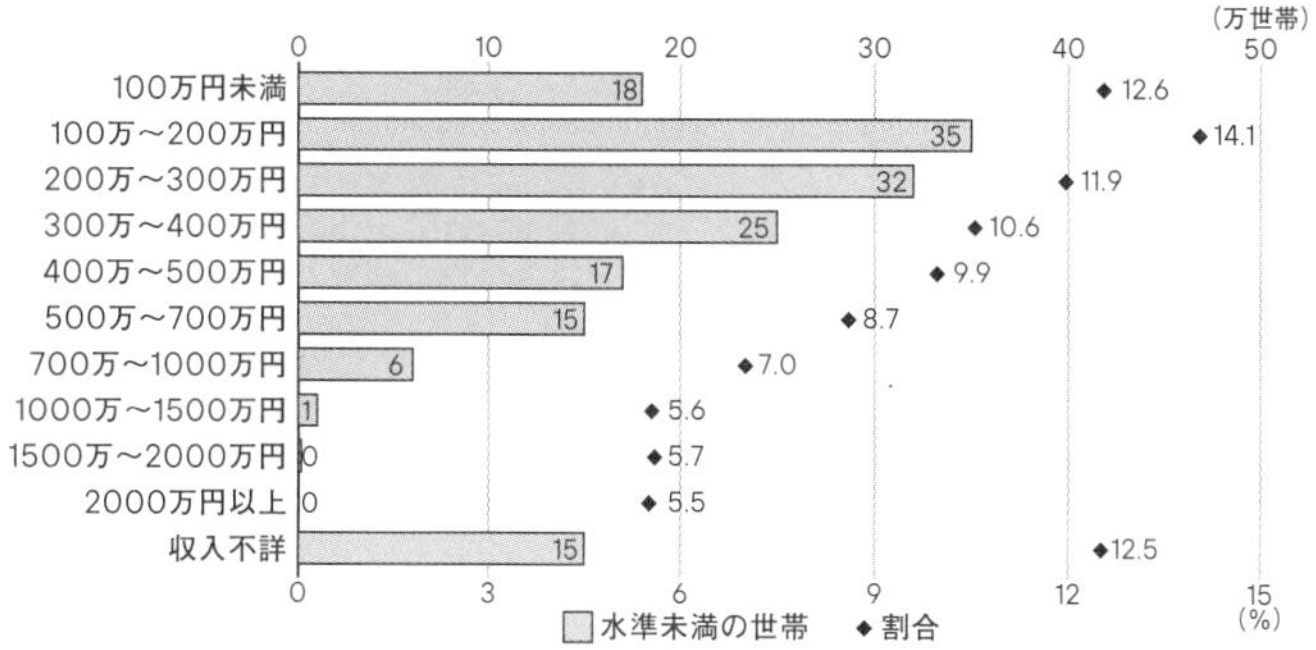

出典：総務省「住宅・土地統計調査」（2013年）より国土交通省作成

以前私が住んでいたマンションは3LDKでしたが、夫婦2人と息子3人の計5人で暮らすには、少々手狭に感じました。フリーランスになってから自宅で仕事をするようになり、書斎が必要になったという事情もあり、転居を考えるようになりました。戸建て住宅に引っ越した今は、部屋数が増えて2階建てになったので、以前よりはるかに仕事をしやすくなっています。

家族が1階で過ごしている間に2階でオンライン取材や執筆などができますし、YouTubeの撮影を続けられているのも、十分なスペースがあるからです。

それまでは子どもが夏休みなどに入ると、カフェを渡り歩いて仕事をしていましたが、今はそんな必要もありません。

もちろん、住居の選択は個人のライフスタイルにもよりますが、共通するのは、**ストレスのない住環境が大事**ということです。家にいることがストレスになれば、仕事で成果を生み出し、安定した生活の糧を得ることすら困難になるでしょう。

また、持ち家は資産にもなりますから、投資の側面もあります。倹約するあまり住居費をケチるのではなく、住まいに求める価値を考えて選択するのが得策です。

習慣

18

富裕層は都会に住む

100億円超の申告は東京に集中している

日本でいちばんお金持ちが住んでいるのは、やはり東京都です。

令和元（2019）年度の相続税申告状況を見ると、**課税価格100億円超が日本全国で17件あり、そのうち11件が東京国税局の管内**を納税地としています。

また、総務省による「平成26年全国消費実態調査」のなかでは、都道府県別の1世帯あたりの保有資産が掲載されています。

この調査では、世帯あたりの資産が最も多いのが東京都、次いで神奈川県、愛知県と続きます。

相続税の課税価格100億円超が全国で17件

国税局	申告状況													
	課税価格階級													
	5千万円以下	5千万円超	1億円超	2億円超	3億円超	5億円超	7億円超	10億円超	20億円超	30億円超	50億円超	70億円超	100億円超	合計
札幌	634	1,675	692	138	92	27	16	12	3	1	–	–	–	3,290
仙台	1,134	3,188	1,320	261	159	49	25	16	1	–	–	–	–	6,153
関東信越	4,011	9,682	4,193	937	576	183	105	56	8	8	–	1	–	19,760
東京	13,230	20,215	10,249	2,692	1,727	546	398	336	84	22	5	3	11	49,518
金沢	519	1,635	672	147	70	21	9	8	3	–	–	–	–	3,084
名古屋	4,063	10,286	4,963	1,224	706	190	92	50	5	3	2	2	3	21,589
大阪	4,670	10,662	5,211	1,345	780	271	127	73	12	6	5	3	2	23,167
広島	1,389	3,956	1,644	300	164	53	17	13	4	2	–	–	1	7,543
高松	708	2,143	915	224	103	24	9	12	3	–	1	–	–	4,142
福岡	901	2,537	1,148	280	171	40	22	14	3	3	–	–	–	5,119
熊本	625	1,816	727	142	82	19	12	6	–	–	–	–	–	3,429
沖縄	132	414	278	101	56	13	8	5	–	–	–	–	–	1,009
合計	32,016	68,209	32,012	7,791	4,686	1,436	840	601	126	45	13	9	17	147,801

1世帯あたりの保有資産トップ5

①東京都（6058万円）
②神奈川県（4518万円）
③愛知県（4488万円）
④埼玉県（3813万円）
⑤奈良県（3713万円）

さらに東京都内で比較すると、昔ながらの高級住宅地に、今なお多くの富裕層が住んでいることがわかります。

私は東京練馬区の税務署に勤務したことがありますが、石神井公園の周辺は大きな邸宅が並んでおり、はじめて訪れたときは高級住宅地ならではの静寂感に驚きました。

以下は、東京国税局の公開情報をもとに、

都道府県別の純資産1億円以上世帯・金融資産1億円以上世帯の比率

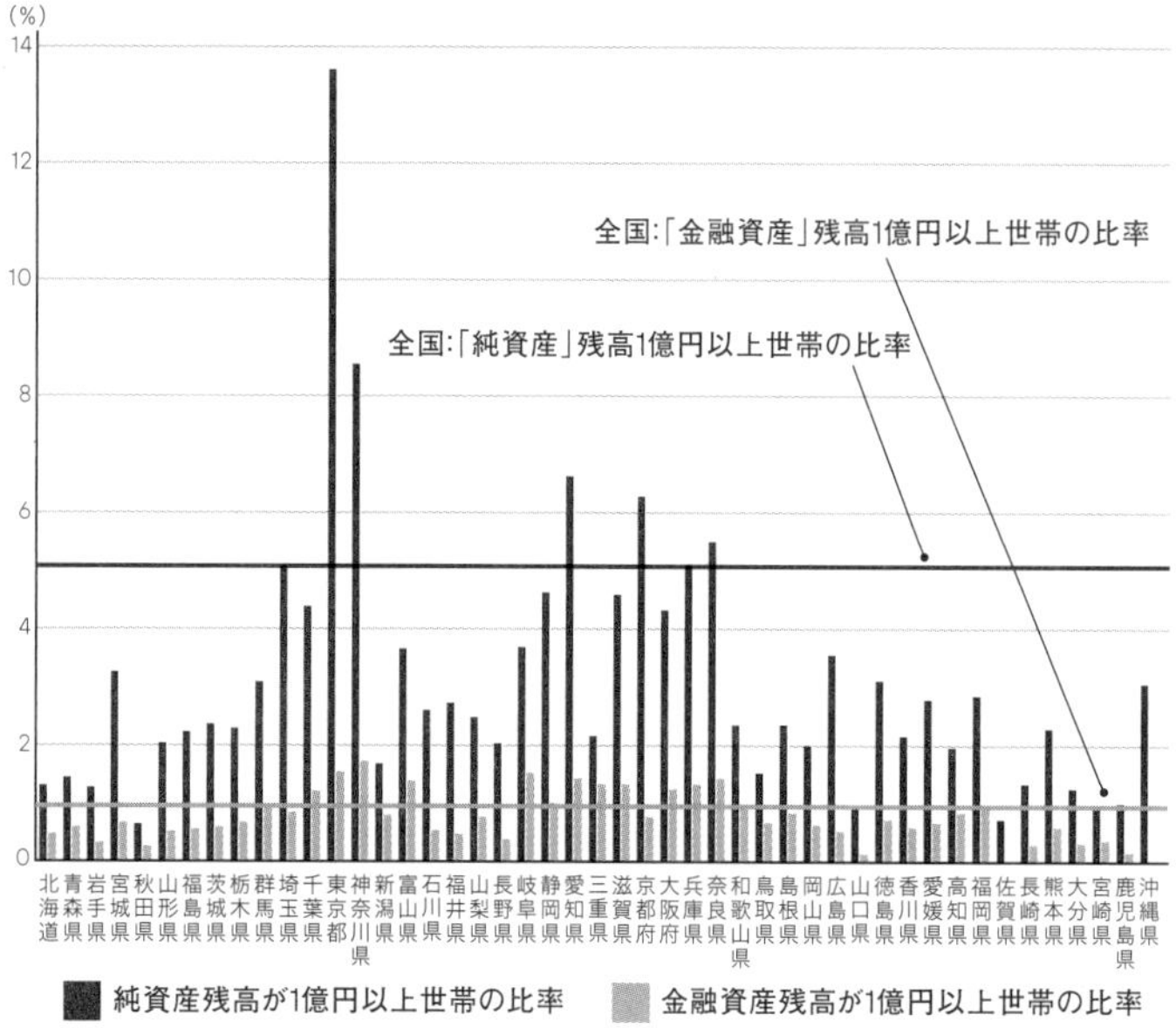

「純資産」総額1億円以上の世帯

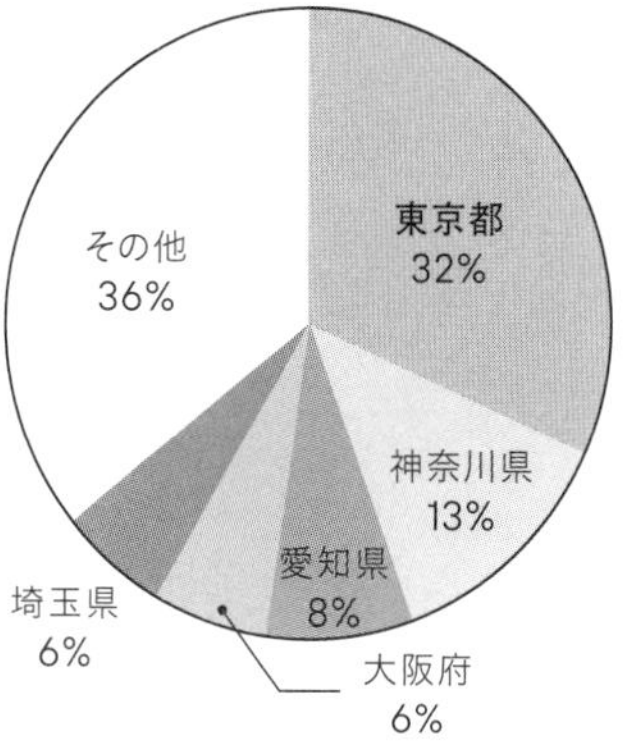

「金融資産」1億円以上の世帯

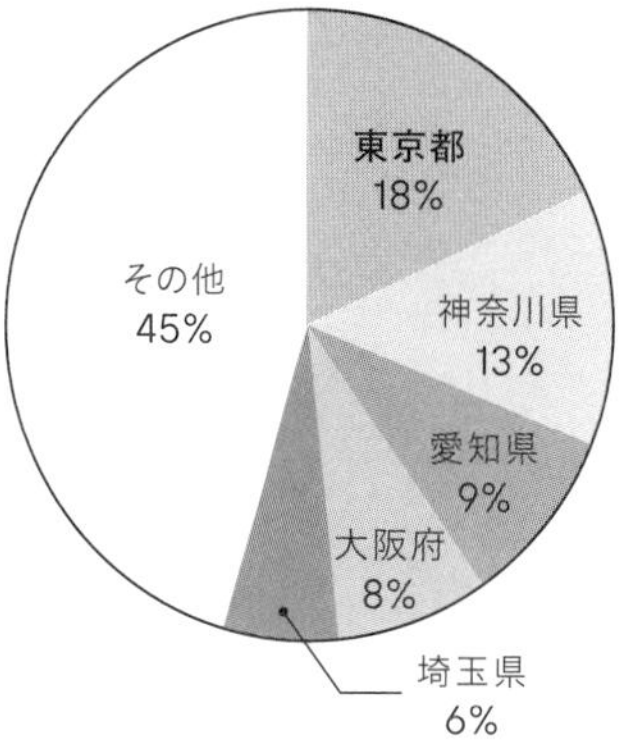

出典：総務省「2019年全国家計構造調査」より大和総研作成

税務署ごとの被相続人1人あたりの平均遺産額のトップ5を示したものです。これらの税務署の管轄地域には、麻布や松濤《しょうとう》、田園調布など日本有数の高級住宅地が含まれています。

税務署ごとの被相続人1人あたりの平均遺産額トップ5

①麻布税務署：港区のうち麻布、赤坂地区
②麹町税務署：千代田区のうち麹町地区
③渋谷税務署：渋谷区
④芝税務署　：港区のうち芝地区
⑤雪谷税務署：大田区の調布地区

このように地域差が生まれる理由は、地価の差によるところも大きいですが、やはり都会ほど資産を築きやすいという面があると思います。

米カリフォルニア大学バークレー校のエンリコ・モレッティ教授は、住む場所と収入の相関関係を次のように説明しています。

「厚みのある労働市場に身を置くことが働き手の収入におよぼす好影響は、専門職の場合とくに大きく、その効果は過去三〇年を通して拡大してきた。今日のアメリカでは、働き手の数が一〇〇万人以上の土地で働いている人の平均賃金は、二五万人未満の土地の約一・三倍以上だ（この点は、働き手の就業年数、職種、その土地の人口構成の影響をとり除いても変わらない）」『年収は「住むところ」で決まる ― 雇用とイノベーションの都市経済学』（エンリコ・モレッティ著、安田洋祐解説、池村千晶訳より引用）

2020年にはじまったコロナ禍により、東京を離れて生活をする人が増えたことがニュースなどでとり上げられました。

実際、東京から別荘地で有名な長野県の軽井沢への移住者が増えており、軽井沢の地価は上昇しています。ここで、「東京の地価が落ちる」と考える人がいるかもしれませんが、結果的にそのようなことは起きていません。

私が2022年の夏に不動産鑑定士の方から聞いた話によると、昨今の軽井沢の地価上昇は、コロナ禍を受けて、おもに東京に住む富裕層が軽井沢の物件を購入しているからだそうです。

そうした富裕層は軽井沢に移住しながらも東京の物件を手放さず、賃貸や親族の居住用に活用しているとのことでした。そのため、東京の地価が落ちなかったというわけです。不動産鑑定士の方は、**「優良資産は手放さないのがお金持ちの鉄則ですから」**とおっしゃっていましたが、富裕層が支えている東京の強さはなかなか揺るがないようです。

再開発で価値が高まる都市を選ぶ

地価の側面からも、都会に住む人のほうが富裕層になりやすいです。

都会で価値ある土地を手に入れ、その土地の価値が高まることで資産額を増やすのが、昔ながらの富裕層の戦略なのです。

そのことは国税庁が毎年7月に発表している「路線価」から知ることができます。

路線価は相続税や贈与税の計算をする際、土地の評価に使う指標なのですが、これは**取引相場の8割を目安に設定**されています。ということは、路線価を0・8で割り戻せば、およその地価がわかるということです。

最新の路線価（2022年分）を調べると、全国でもっとも路線価が高い地点は、東京都中央区の「銀座中央通り」。1㎡あたり4224万円という高い路線価がついています。単純に0・8で割り戻せば、たった1㎡で5000万円ほどの価値が見込めます。

1㎡で1000万円を超える路線価がついている都市は、東京を除くと横浜、名古屋、大阪の3つだけ。多くの都市の最高路線価は、高くとも数十万円単位にとどまっています。

これだけ差がつくのは、都会は住環境や雇用環境に恵まれている傾向があり、都心になるほど土地へのニーズが高まっていくからです。

その地域に住みたい人、ビジネスをしたい企業が増えれば、それだけ土地の値段が上がっていくのは、需要と供給の関係からして当然のことです。

ここでキーワードになるのが、**「再開発」**です。再開発とは、駅前などの古い建物や道路をつくり直して街並みを改善する公共事業のことです。基本的には行政が主体となって、再開発します。

前述の不動産鑑定士の方から聞いた話で、私は再開発が地価と密接に結びついているこ

都道府県庁所在都市の最高路線価

(1m²当たり)

局名	都市名	最高路線価の所在地	最高路線価 令和4年分	最高路線価 令和3年分	最高路線価の対前年変動率 令和4年分	最高路線価の対前年変動率 令和3年分
			千円	千円	%	%
札幌	**札幌**	**中央区北5条西3丁目 札幌停車場線通り**	6,160	5,880	**4.8**	2.8
仙台	青森	新町1丁目 新町通り	155	155	0.0	▲3.1
	盛岡	大通2丁目 大通り	225	230	▲2.2	▲8.0
	仙台	青葉区中央1丁目 青葉通り	3,390	3,300	2.7	3.8
	秋田	中通2丁目 秋田駅前通り	125	125	0.0	0.0
	山形	香澄町1丁目 山形駅前大通り	175	170	2.9	0.0
	福島	栄町 福島駅前通り	195	190	2.6	▲2.6
関東信越	水戸	宮町1丁目 水戸駅北口ロータリー	220	225	▲2.2	0.0
	宇都宮	宮みらい 宇都宮駅東口駅前ロータリー	310	300	3.3	3.4
	前橋	本町2丁目 本町通り	130	130	0.0	0.0
	さいたま	大宮区桜木町2丁目 大宮駅西口駅前ロータリー	4,400	4,260	3.3	0.0
	新潟	中央区東大通1丁目 新潟駅前通り	440	440	0.0	▲2.2
	長野	大字南長野 長野駅前通り	280	285	▲1.8	▲3.4
東京	千葉	中央区富士見2丁目 千葉駅前大通り	1,240	1,180	5.1	3.5
	東京	**中央区銀座5丁目 銀座中央通り**	**42,240**	42,720	▲1.1	▲7.0
	横浜	西区南幸1丁目 横浜駅西口バスターミナル前通り	16,560	16,080	3.0	3.1
	甲府	丸の内1丁目 甲府駅前通り	260	265	▲1.9	▲3.6
金沢	富山	桜町1丁目 駅前広場通り	500	490	2.0	0.0
	金沢	堀川新町 金沢駅東広場通り	890	920	▲3.3	▲4.2
	福井	中央1丁目 福井駅西口広場通り	330	330	0.0	3.1
名古屋	岐阜	吉野町5丁目 岐阜停車場線通り	470	470	0.0	0.0
	静岡	葵区紺屋町 紺屋町名店街呉服町通り	1,140	1,160	▲1.7	▲4.1
	名古屋	中村区名駅1丁目 名駅通り	12,480	12,320	1.3	▲1.3
	津	羽所町 津停車場線通り	190	195	▲2.6	▲2.5

出典：国税庁ホームページ

とを知りました。

一般的に、再開発が行われるのは、人や企業が集まり、大きな税収のある都市部に集中しています。

再開発が行われれば街が近代化するなどして魅力が増し、さらに人や企業を呼び寄せることができます。その結果として税収が集まって、行政サービスが充実するという好循環が起きます。

このような好循環が起きると、地価は上昇していきます。事実として、**近年は札幌市が再開発にともない10年連続で地価が上昇しており、2022年は対前年比10・5%という大きな上昇率を記録**しました。

札幌市ではタワービルや球場、バスターミナル、商業施設などの建設が進められており、住人や企業からのニーズが高まっているのです。

先に挙げた麻布や田園調布などの高級住宅街は、不動産が売りに出されるケースが少ないうえ、出されたとしても非常に高額なことから、一般の会社員や公務員が購入するのは困難です。

しかし、**これから再開発による地価上昇が見込まれる場所から選ぶ**ことはできます。

地価上昇を見越して不動産を買うのであれば、都市部を選ぶ必要があります。「全国市街地再開発協会」がネットで公開している再開発マップ（www.uraja.or.jp/map/）を検索してみると、やはり都心に集中していることがわかります。

今後は日本の少子高齢化を受けて、都市によって地価の勝敗がはっきり分かれてくることが予想されます。

住民や企業が少ない土地は再開発をする余裕がなく、地価が下落するおそれがあるため、不動産を買うと損をするかもしれません。

ちなみに私自身は自然豊かな田舎で生活することに少し憧れがあるのですが、九州の田舎で暮らしている母を見て、実際に生活をするのは厳しいと感じています。

私の実家がある場所は、全国の市区町村のうち896ある「消滅可能性都市」の1つです。消滅可能性都市とは、女性人口の減少率が50％を超える自治体であり、2040年までに自治体として存続できなくなる可能性が高いとされています。

私の実家の近くにはバスや電車が通っておらず、車がなければ生活できない場所ですから、母が高齢になった後のことが心配です。いずれ都市部に引っ越すことになるでしょう。

人口減少が続く日本に生きる私たちは、住む場所をより慎重に選ぶ必要があります。その1つの目安となるのが、地価の動向といえます。

資産だけでなく生活を守るという意味でも、これから衰退する地域ではなく、地価の上昇が見込まれる都市を選んで不動産をもつ必要があります。

習慣

19 富裕層は資産形成につながる趣味をもつ

国税職員が富裕層に必ず趣味を聞くワケ

あるとき、相続税の申告書をチェックしていたとき、「家庭用財産」として1000万円近い金額が計上されていました。

家庭用財産とは、家具や家財などを指し、普通は数十万円くらいに収まります。そこで申告書の添付資料をチェックしたところ、その家庭用財産の多くは数点の高級時計であることがわかりました。

おそらく、亡くなった被相続人は時計集めが趣味だったのでしょう。高級ブランドの時計は信頼感アップにつながるだけでなく、中古品でも高値で換金できるので、投資の意味合いも兼ねられます。

ちなみに私も近ごろ、少額のものですがアート作品を買うようになりました。アーティストの支援になるうえに所有欲が満たされ、将来的に資産価値が出る可能性もゼロではないので、悪くないお金の使い方だと思っています。


このように、故人の趣味がときに相続税申告に影響することがあります。

そのため、私が相続税調査をするときは、必ず**「お亡くなりになった被相続人の趣味は？」**ということを聞いていました。

このようなことを税務署員に聞かれると、やはり怪訝《けげん》な顔をされる相続人が多かったです。「どうしてそんなことを聞くのですか？」「相続税と関係あるんでしょうか？」といった反応もしばしばありました。


前述のとおり、相続税と趣味は関連することが少なくありません。

わかりやすいものとして、「投資が趣味」というケースが挙げられます。投資が趣味なのに、相続税の申告書に金融資産が記載されていなければ奇妙です。

そのような場合、申告を漏らした株式や投資信託などがあるかもしれませんから、あらためて証券会社などを調査することになります。

「趣味で、よく海外旅行していた」というケースも国税職員にとっては気になる情報です。これも前述のとおり、富裕層は積極的に海外投資をする傾向にあるので、海外に相続財産を隠しているかもしれません。

このような推測をもとに、**「海外に財産を残していないか」「国外への送金履歴を調べよう」**というように調査方針を決めていきます。

仕事がいちばんの趣味になる

相続税調査で趣味を聞くと、「仕事が趣味だった」ということがよくありました。「お父さんは仕事人間だったから、趣味なんてなかったですよ」といわれることも多く、私のなかでは、**「富裕層＝無趣味」**というイメージが強いです。

億単位の資産を残して亡くなったわけですから、やはり仕事熱心な人が多かったのでしょう。もちろん、なかには趣味があるケースもありましたが、読書や庭いじりなど、あまりお金のかからないことが多かったという印象です。

世界の超富裕層の趣味・関心事については、調査会社ウェルスーXが以下のランキングを発表しています。この調査では3000万米ドル（42億円＝1ドル140円換算）以上の資産をもつ超富裕層がターゲットとなっています。

ランキングを見てみると、「ビジネス」が圧倒的1位です。2位以降に並ぶ項目も、富裕層のイメージと合っているのではないでしょうか。

世界の超富裕層の趣味・関心事

1位　ビジネス（56・9％）
2位　慈善活動、社会奉仕（38・6％）
3位　スポーツ（33・0％）
4位　金融（28・3％）
5位　教育（17・8％）

6位　アウトドア（17・3％）
7位　話術、演説（15・2％）

私も感じることですが、**仕事を楽しむことは、収入の増加につながります。**そして、**自分の仕事にお金を使うことが、より多くの収入をもたらすという好循環を生みます。**

私が見てきた富裕層は質素な暮らしぶりではありますが、ビジネスに絡むことにはしっかりお金を使っています。

たとえば私が相続税調査をしたときに聞かれたのは「ゴルフが趣味だった」というものですが、限られたメンバーで社交を深める目的があったようです。

かつてはゴルフ会員権そのものに資産的な価値がありましたが、それ以上に、ゴルフから得られるビジネスへの好影響を見込んで投資をしていたのです。

私自身はけっして仕事人間というタイプではないのですが、独立をすると、なんとなく富裕層が仕事熱心な理由がわかるようになってきました。

たとえば、私は仕事と趣味を兼ねてYouTubeをはじめたのですが、だんだんと視聴数が増え、いくらか収入を得られるようになると、当初よりも楽しくなってきました。

自分の創意工夫により、人に影響を与えたり、収入を増やせたりするわけですから、やはり面白いのです。

また、読書や英語学習も趣味として続けていますが、ライターの仕事にかなり生かされていると感じます。

ＹｏｕＴｕｂｅｒが代表的ですが、今は仕事と趣味の境目が曖昧な時代です。自分の好きなことを発信して、大きな収入を得ている人が増えています。

テクノロジーの恩恵によって、これからますます趣味が仕事に活かされやすくなるでしょうから、あらためて自分の趣味を仕事の側面から考えると面白いと思います。

習慣

20 富裕層は人間関係の構築にお金を使う

富裕層たちが集まる高級会員制クラブ

世のなかには高級会員制クラブがいくつか存在します。

私は過去に、国際的なビジネスを手がける実業家に取材した縁で、都内のある高級会員制クラブに招待してもらったことがありました。

そのクラブは都会の喧噪《けんそう》を感じさせない静かな場所にあり、内部にはレストランや広いロビー、プール、パーティー会場、図書館、スポーツジム、ボウリング場など、さまざまな高級感のある施設がありました。

そこでは英語も飛び交い、富裕層とみられる人たちが談笑をしていました。

ノートパソコンで仕事をする人や会議をする人もいましたが、街なかのカフェやコワーキングスペースのような雰囲気ではなく、独特のゆったりとした空気が流れていたのが印象深かったです。

後から聞いた話では、そのクラブを利用するためには、会員からの推薦を受けたうえで、300万円を超える入会金を払わなければならないそうです。

さらに毎月の会費がかかるので、一般の会社員や公務員が簡単に利用できるものではありません。

今は月額1万円ほどで利用できるワークスペースが少なくないなか、どうして高級社交クラブを利用する人がいるのか不思議に思わなくもありませんが、それはやはり、かけた金額以上のリターンが見込めるからなのでしょう。

高級社交クラブは限られた人しか利用できない場所ですから、利用者同士が気軽につながることができ、大きなビジネスにつなげやすくなります。このように**見えない価値にもしっかりお金を使うことが、富裕層の共通点**なのです。

このクラブに私をご招待してくださったのは、毎年数千人単位で人脈を増やし、マザー・テレサやイギリス王室の人とも会ったことがあるという人物です。

その方が〝マイルール〟にしているのが、**会食に行ったらできるだけ参加者全員と言葉を交わす**ということでした。

さらにはおみやげとして、自分がもつ有益な情報を分けることで信頼してもらい、人間関係を広げられているそうです。

このように富裕層が積極的に人とのつながりを増やし、その関係性を大切にするのは、自分自身の成長のためには不可欠と考えているからなのでしょう。

また、他者への貢献心も強いのだと思います。私は、どちらかというと内気なタイプで人見知りなほうですが、富裕層を見習って私なりに人とのつながりを重視しています。

これは独立をして強く感じていることですが、人間関係から仕事が生まれて発展していきます。人の期待に応えて可能な限りの価値を提供することが、仕事の本質だと思います。

富裕層を富裕層たらしめている人間関係への投資を怠らない習慣を、私たちも真似すべきでしょう。

習慣

21 富裕層はペットを飼う

あえて〝守るもの〟をつくる

富裕層の共通点とまでいえるかはわかりませんが、相続税調査で富裕層の自宅にうかがったとき、ペットを目にすることが多かったです。

犬や猫、鳥などさまざまなペットを見ましたが、とくに**大型犬を飼う富裕層が多い**という印象があります。

私たちが自宅にあがると、「ワンワン！」と大きな鳴き声をあげられたことがありますが、もしかするとご主人を不審者から守ろうとしていたのかもしれません。

犬と猫の生涯必要経費

犬の生涯必要経費

	犬 全体	超小型	小型	中型・大型
平均寿命	14.65歳	15.30歳	14.05歳	13.52歳
生涯必要経費	244万8784円	253万2347円	217万3910円	231万7006円

※犬の年齢ごとに算出した平均支出金額を平均寿命まで足しあげることにより算出

猫の生涯必要経費

	猫 全体	外に出る	外に出ない
平均寿命	15.66歳	13.75歳	16.22歳
生涯必要経費	153万5678円	136万2622円	168万8932円

※猫の年齢ごとに算出した平均支出金額を平均寿命まで足しあげることにより算出

出典：一般社団法人ペットフード協会

ペットを飼う富裕層が多いのは、まずは十分なお金があることが理由として考えられます。一般社団法人ペットフード協会による上記の調査によると、犬を飼う場合は生涯で245万円ほど、猫の場合は154万円ほどのお金がかかるそうです。

無駄な支出を徹底して避ける富裕層が、けっこうなお金をかけて犬や猫などのペットを飼うのは、**なんといっても生活の喜びのため**だと考えられます。

相続税調査の場では、富裕層である相続人と雑談をすることもあるのですが、やはりペットの話題は広がります。

あるとき、大型の室内犬を飼っている相続

あなたのペット関連の合計支出（年間）はいくらでしたか？

（単一回答　全体n＝1,018　犬飼育者n＝565　猫飼育者n＝453）

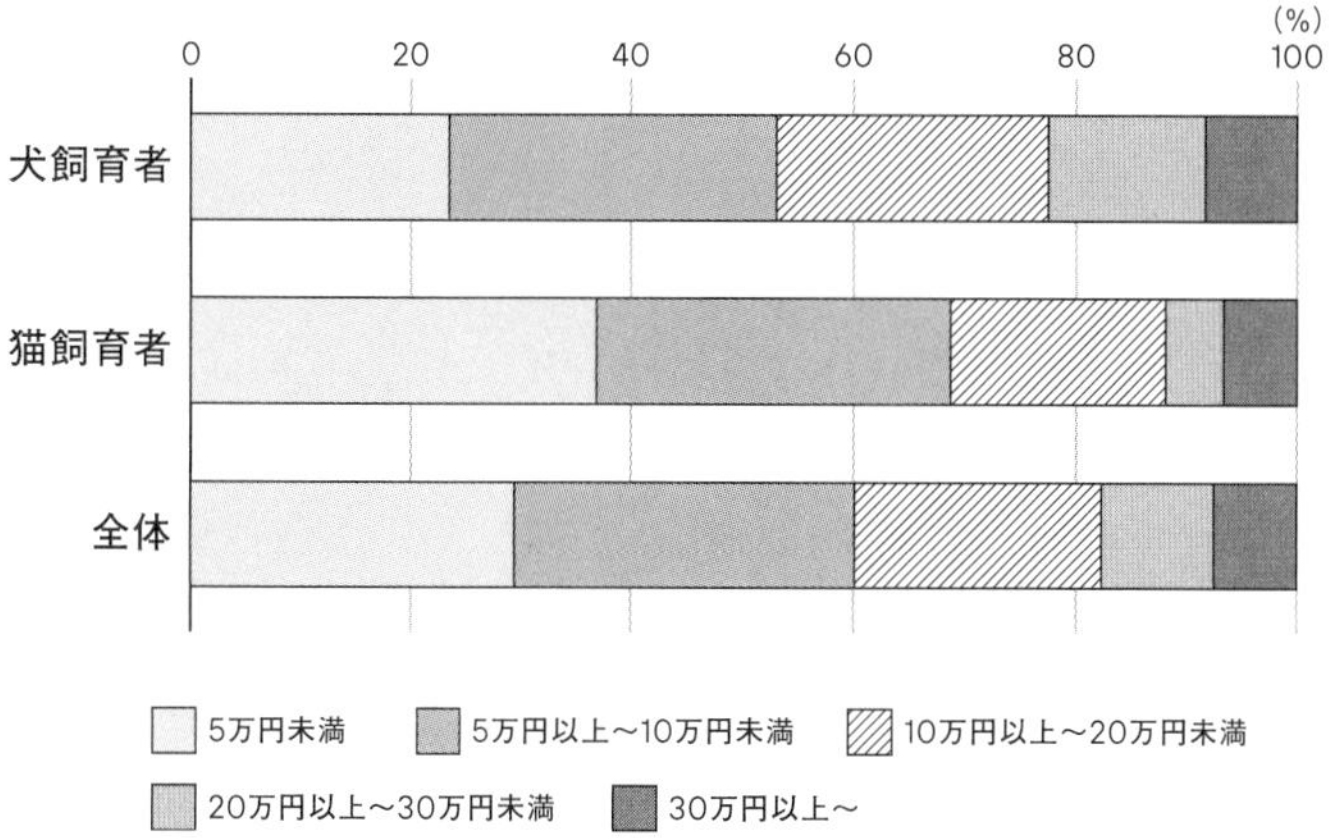

出典：アイペット損害保険による犬・猫飼育者の1018名を対象にしたペットの支出のアンケート調査より

人に話を聞くと、犬の散歩のおかげで規則正しく健康的な生活を維持できるとのことでした。また、ペットが怪我をしないように、部屋をきれいに片づける習慣にもつながるようです。

米国心臓学会の研究によると、**ペットを飼うことはストレス軽減にも役立つ**とのこと。ストレスは心臓病や脳疾患などの原因になりかねないので、ペットがこうした危険から身を守ってくれているといえます。

私自身はペットを飼っていないのですが、心を整えるためにやっていることがあります。その1つが、**毎朝3ページほど、心に浮かんでくることを書きとめるというルーティン**です。

これは作家のジュリア・キャメロン氏が提唱した「モーニングページ」という手法ですが、さらに仕事の合間には数分間の瞑想《めいそう》をしています。

ストレス社会に生きる私たちは、積極的に心を整える手法をとり入れる必要があります。ペットを愛《め》でたり瞑想したりすることによって、より生産性高く日々を過ごすことができると私は考えています。

習慣

22 富裕層は礼儀と警戒心をあわせもつ

「金持ち喧嘩《けんか》せず」は本当だった

あくまでも私の主観ですが、**富裕層には独特の落ち着いた雰囲気**があります。これは、所得税調査と相続税調査の違いから感じる点でした。

所得税調査の場合、現役の事業者などが相手になるのですが、強い抵抗に遭う場面が少なくありません。「帰れ！」と怒鳴られたことや、家にいるはずなのにチャイムを鳴らしても徹底的に無視されたことなど、私も何度かシビアな経験をしたものです。

ところが、**富裕層の相続税調査のときは、むしろ丁寧に対応してもらえることが多かったのです。**

まだ私が新人だった頃、緊張しながら富裕層の家庭に相続税調査に出向くと、手づくりのケーキが用意されていたこともありました。ただ、上司から「食事の提供を受けてはならない」と厳命されていたので、心苦しくもお断りせざるを得ませんでした。

一人暮らしをしている高齢女性の相続人から、アフリカの特別な豆を使ったというコーヒーを、「もう飲む人がいないから、ぜひ飲んでいってください」と出していただいたこともあります。

また、調査を終えて帰ろうとすると、「今日はありがとうございました」といわれ、税金をとり立てる身としては、なんともいえない気持ちになったことも覚えています。

私としては、抵抗を受ける覚悟で調査に臨んでいただけに、拍子抜けをする思いでした。

このような応対ぶりから感じたのが、富裕層がもつ独特の余裕だったのです。

お金があることが、精神的なゆとりにつながることは間違いありません。

心の知能指数とよばれる「ＥＱ」（Emotional Intelligence Quotient）と年収に相関関係があるという統計もあります。

ＥＱの調査を行うTalentSmartの研究によると、生産性が高い「ハイパフォーマー」の

90％はＥＱが高く、平均して毎年約3万ドル（420万円＝1ドル140円換算）多く稼いでいるそうです。

心理学者のダニエル・ゴールマン氏によると、ＥＱは自分の努力で高められるそうです。**他人の立場になって物事を考えたり、意識的に謙虚に振る舞ったりすることは、ＥＱを高める効果がある**とされています。

ＥＱを高めることが生産性や収入の向上にもつながり、精神的なゆとりにつながるでしょう。つまり、ＥＱと収入の間に、よいスパイラルを生み出せます。

収入を上げたければ、まずは身近な人に対して謙虚になり、礼儀正しくふるまうことからはじめてみるといいかもしれません。

誰に対しても礼儀正しく接することの大切さは、私がライターになってからも強く感じました。

これまで取材をしてきた方は、ある意味成功者ばかりなのですが、礼儀正しい方ばかりなのです。

私がライターとして独立した頃、ある雑誌の編集者から定期的に仕事をもらっていました。その方に、どんなライターを求めているのかを聞いたことがあるのですが、「ライティングのスキルよりも、取材先に同行して恥ずかしくない人がいい」と予想外のことをいわれて驚いたことがあります。

成功の条件というと、スキルや知識などに目が向きがちですが、実は**人としての基本的な態度が大切**だということを思い知らされました。

キャリア官僚の妻のプライド

私は経験上、富裕層は穏やかな人が多いという印象をもっていますが、一度だけ税務調査のときに怒鳴りつけられたことがあります。

その案件は、元キャリア官僚の男性が亡くなり、その相続人である妻を調査するというものでした。

前述のとおり、キャリア官僚といえども一般の会社員程度の収入レベルでは、相続税調査を受けることはあまりありません。

しかし、その調査対象者は**数度にわたる「天下り」で多額の退職金を受けとった直後に亡くなり、億単位の遺産額になった**ことから、相続税がかかってしまったのです。

自宅で税務調査をしたのですが、奥様に丁寧に対応してもらいスムーズに進みました。しかし、ひととおり調査が終わった後、お借りしていた書類などを返却しにうかがったところ、奥様の態度が豹変《ひょうへん》したのです。

「私は、あなたたちにあれこれいわれるような立場じゃないのよ！」

玄関先でいきなり怒鳴りつけられた私はショックを受け、あいさつもそこそこにその場を離れました。

今にして考えてみれば、キャリア官僚の妻として長年夫を支えていただけに、私たちのようなノンキャリアの国税職員から調査を受けたことが、かなりの屈辱だったのかもしれません。

プライベートなことまで根掘り葉掘り聞かれ、追徴税まで課せられたわけですが、いかにキャリア官僚として国に貢献していようが、あるいはしてなかろうが、税務調査に手心を加えるわけにはいかないのです。

適切に「疑いの目」をもつ

相続税調査のときに聞いた話ですが、富裕層の家にはいろいろな〝売り込み〟が多いそうです。取引のある証券会社や保険会社はもちろん、さまざまな業者の訪問販売も多いそうなのです。

やはり高級住宅街に大きな家をもっている人は、どうしても狙われてしまうのでしょう。

警視庁による犯罪被害者の意識調査によると、裕福（「裕福だと思う」と「やや裕福だと思う」の合計）と回答した人の比率が23・9％であり、これは一般の回答者17・7％よりも高くなっています。この結果をみても、富裕層の場合は警戒しすぎるくらいでちょうどいいのかもしれません。

「裕福だと思う」傾向が強い犯罪被害者の意識

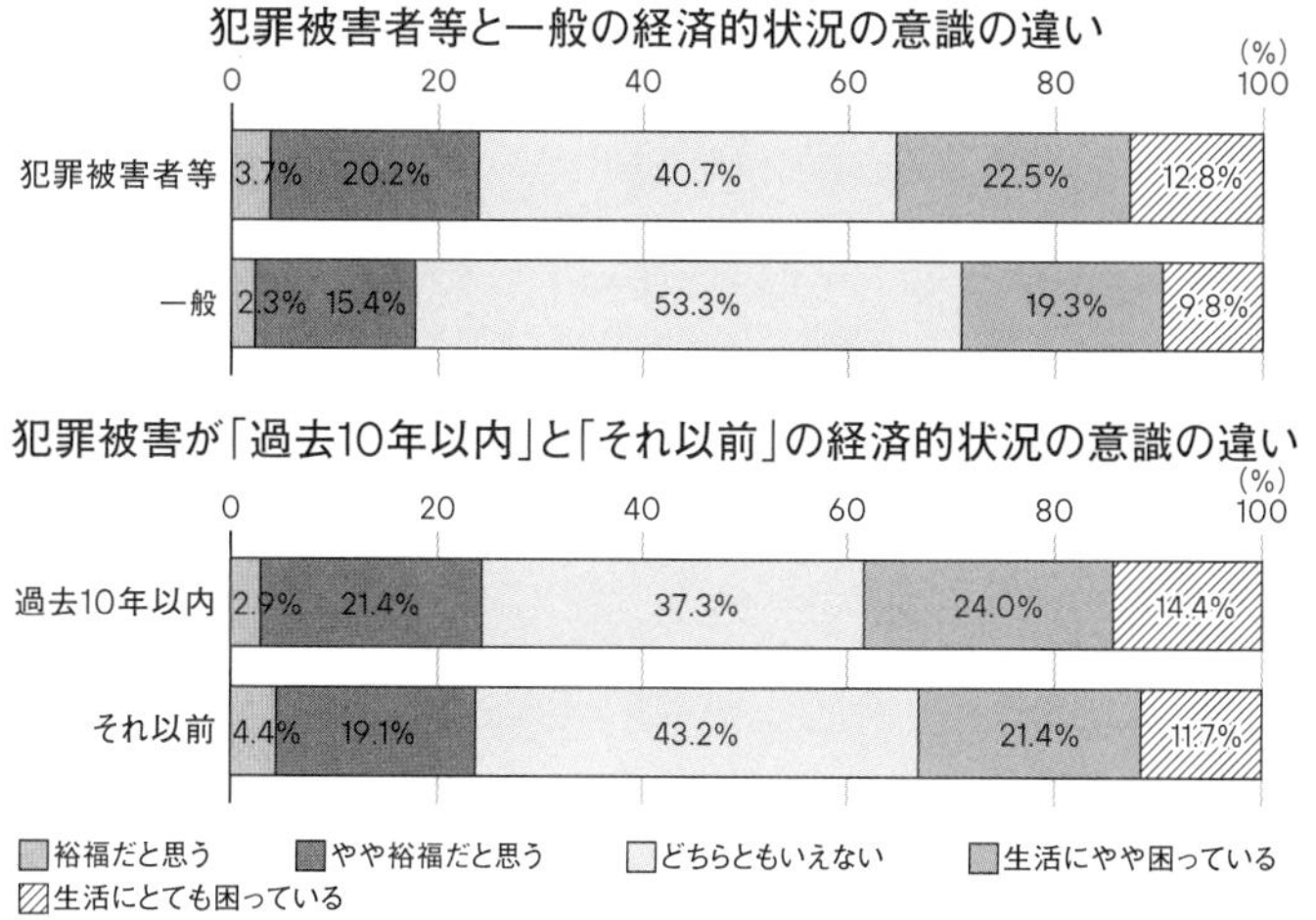

出典：警視庁

ちなみに私は、相続税調査をしたときに「詐欺師」と間違われたことがありました。

初日の聞きとり調査は順調に進んだのですが、後日、相続人である妻から税務署に問い合わせの連絡が入ったのです。

その用件は、「おたくの税務署に、小林さんという職員は本当にいますか？」というものでした。

私は税務調査の場で身分証を見せ、名刺をお渡ししていたのですが、それでも念のために確認の電話を入れたようです。

その電話を私につないでもらい、あらためて自分が国税職員であることを、時間をかけてお伝えしました。

話を聞くと、**高齢者を狙った詐欺を疑っていた**そうです。私が預金口座の情報などを提出してもらったり、財産について聞いたりしたので、不審に思われたのでしょう。

このように心配事をきちんと確認することは、大切なことだと思います。

昨今は行政の職員などを名乗って富裕層の自宅を訪ね、詐欺をはたらくケースも出ているようです。そのようなときに相手を完全に信じるのではなく、多少疑いの目をもつことは、身を守るうえで有効です。

富裕層の多くは礼儀正しく精神的なゆとりをもっている一方で、常に警戒を怠りません。だからこそ財を成すことができたという側面は、確実にあります。

人を疑いすぎるのも、まったく疑わないのも、どちらも問題でしょう。適度な距離感やバランス感覚をもって人づき合いをすることは、私たちも意識しておきたいものです。

習慣

23

富裕層は貸金庫で財産を守る

なぜ銀行の貸金庫を使うのか?

「貸金庫を見せてください」

「それはできません」

「なぜ見せられないのですか?」

「それは……」


こんなやりとりが相続税調査の場面では、たまにあります。

警戒心のあらわれなのか、銀行の貸金庫を利用している富裕層は少なくありません。

貸金庫とは、銀行が顧客に貸し出している専用の金庫で、利用するには一般的に月額1万円から3万円ほどの費用がかかります。

章末のコラム（201ページ）でとり上げますが、富裕層は広い家に住んでいるので、ものを保管するスペースは十分にあります。それでもお金を払って貸金庫を利用しているのは、盗難や災害などのリスクへの備えからでしょう。

貸金庫の出し入れができるのは原則として本人だけですが、あらかじめ代理人登録をしておくことで、家族などが貸金庫の出し入れができるようになります。

そのため、**認知症対策などのために、貴重な財産を貸金庫で管理する富裕層もいます。**

こうした本来の使い方とは別に、**「相続税逃れ」のために貸金庫が使われるケース**もないわけではありません。

私もかつて相続税調査をした際、貸金庫を使った脱税を見つけたことがあります。

亡くなった被相続人名義の口座から多額の出金があることを把握したのですが、お金の行き先がわかりません。

相続人に聞いても曖昧な返事しか得られず、相続人立ち会いのもとで貸金庫をチェックしたところ、**7000万円を超える札束が出てきた**のです。

貸金庫が脱税に使われるのは、税務署の目が届かないと思われているからなのでしょう。でも、そう現実は甘くありません。

税務調査をする国税職員には、金融機関を調査する権限があります。たとえ相続人が隠したとしても、いずれ貸金庫の契約状況などは明らかになるのです。やろうと思えば、貸金庫の開閉履歴もチェックできます。

もっとも、一般的な税務調査では、貸金庫を国税職員が勝手に開けるようなことはありません。あくまでも相続人の立ち会いのもと、なかを見せてもらいます。

貸金庫のなかを見る瞬間は、やはり興奮します。

ときどき、「開かずの金庫」を開けるテレビ番組を見るのですが、鍵開け師が金庫を開けて中身があらわになる瞬間は、税務調査のときの感覚を思い出します。

習慣

24 富裕層はトラブルを専門家の力で解決する

税理士次第でリスクが変わる

仕事は専門家に任せるのがいちばんいいという意味の「餅は餅屋」という言葉がありますが、富裕層は自分の得意領域に集中し、苦手なことは専門家のサポートを受ける傾向が強いように思います。

私は税務署で、「相続税申告のやり方を教えてください」と相談を受けることがよくありました。

そうしたとき、ある程度の説明をすると、「それじゃあ、税理士さんに頼んだほうがよさそうですね」とすぐに判断する人が多かったです。

「令和2年度国税庁実績評価書」を見ると、税理士が関与した割合として、所得税が2割程度であるのに対して、相続税は約8・5割となっています。

富裕層は時間や労力、コストを勘案して合理的な判断をするように思います。自分だけで相続税の申告書をつくれないわけではないのですが、時間がかかるうえ、計算間違いなどで追徴税がかかるおそれもあります。

そうしたことを考えて、税理士に依頼するという判断に至るのでしょう。

ただし、すべての税理士が相続税に精通しているわけではありません。

多くの富裕層が相続税申告を税理士に依頼していますが、多額の財産を残した富裕層であればあるほど、相続税に強い税理士がつく傾向があります。

実は、相続税に強い税理士が関与した申告書と、そうではない申告書は、税務職員が見ればすぐにわかります。

相続税に強い税理士の場合、申告ミスを起こさないのはもちろん、税務署が疑いをもちそうな点をあらかじめつぶして相続税申告をします。

たとえば家族名義の口座も含めて過去の預金の動きを調べ、名義預金（87ページ参照）にあたるものは最初から申告財産に加えるといった形です。

しかし、あまり相続税に詳しくない税理士に依頼すると、申告誤りが起きがちです。一度、ある税理士が相続税について致命的な計算間違いを犯していて、その税理士の関与した案件の多くを是正するといったこともありました。

相続税は1つ間違えると税額が大きく変わるので、コストをかけてでも信頼できる専門家のサポートを受けたほうがいいです。

また、私の経験からすると、成功者であればあるほど、人から直接、情報を得ることを心がけています。私が過去に取材した人も、**わからないことがあれば、リアルに会ったり通話したりして、詳しい人に直接話を聞くことを徹底している**といっていました。

ネットに出回っている真偽不明の情報を調べるより、詳しい人から一次情報を得るほうが、精度が高く合理的という考えのようです。

これは私自身、ライターという仕事を通じて著名人や専門家とリアルに会って話をうかがう機会が多いことからも、納得できることです。

コラム

3 富裕層の家はやっぱり広い

富裕層の家は広いと書きましたが、その理由の1つが、**「広い家に住むことが相続税対策になる」**ということです。

相続税の特例の1つである**「小規模宅地等の特例」**は、**非常に節税効果の高い**特例です。

この特例は、亡くなった被相続人が居住や事業、貸付に使っていた土地を対象に、相続税評価額を最大80%も減額してくれます。

たとえば、亡くなった被相続人が住んでいた土地を配偶者が相続したとしましょう。すると、その敷地面積のうち330㎡までの評価額が80%減額されます。

ということは、特例を使う前の相続税評価額が1億円で、面積が330㎡以内であれば、評価額を2000万円まで落とせるということです。

名前こそ「小規模」とついていますが、330㎡というと、坪数に換算すると「100坪」

ですから、かなりの広さです。一戸建てでも広すぎるくらいで、二世帯住宅でも十分に収まります。

相続税に限らず、日本政府はこれまで国民の住宅取得を支援するため、さまざまな優遇税制措置を設けてきました。その内容はたびたび改正されていますが、形を変えながらも、今なお持ち家を買うための後押しをしています。

持ち家と賃貸のどちらが有利かは、ケースバイケースで一概にはいえませんが、**税制のしくみをうまく活用できる人は、持ち家にしたほうがいい**と思います。

持ち家の優遇税制措置は、「買う時」「売る時」「もらう時」の3つに分けられます。

まず買う時に利用したいのが、住宅借入金等特別控除（住宅ローン控除）です。これは、10年以上の住宅ローンを組む人を対象に、年末時点のローン残高の一定割合を税額から差し引くものとなっています。

家を売る時も、売却益（譲渡所得）に対して所得税・住民税がかかるのですが、やはり複数の優遇税制措置があります。

その代表的なものが**「3000万円の特別控除」**と呼ばれる制度であり、住居として使っていた建物と敷地であれば、**売却益3000万円までは無税**です。

売却時の優遇税制措置は、相続のタイミングでも活用できます。たとえば両親が死亡して実家が空き家になった場合、以下の条件を満たすと3000万円の特別控除を使えます。

空き家特例の条件

- ☑ 亡くなった人が1人で住んでいたこと
- ☑ 昭和56年5月31日以前に建築された家屋とその敷地であること
- ☑ 相続開始から売却日まで継続して空き家であること
- ☑ 売却代金が1億円以下であること
- ☑ 2023年12月31日までに譲渡すること（延長の可能性アリ）

家は大きな買い物なので、こうした優遇税制措置のことを理解しておくことが大事です。制度をうまく活用できれば、広い家に住みながらも住居費を抑えることができます。

第4章

【家族】富裕層は教育費に糸目をつけない

習慣

25 富裕層は税負担を避けて家族にお金を渡す

家族に毎年100万円のお小遣いをあげる

母子家庭で家計に余裕のなかった私は子どもの頃、お小遣いをもらったことがありませんでした。毎年正月、親戚にもらったお年玉を1年かけて少しずつ使っていたのです。

そんな私とは異なり、富裕層のお小遣いは桁《ケタ》が違います。毎年のように100万円程度の現金を子や孫に渡している富裕層が実に多いのです。

富裕層の多くが考えているのが、**「いかに税負担なく子孫に財産を残すか」**ということ。

多額の財産をもつ富裕層は、相続税の負担が重たくなるリスクがあります。

この負担を抑えるには、アパートなどの貸付不動産をもつことや、「小規模宅地等の特例」

などの優遇税制措置を利用したり、死亡保険金の非課税枠を活用したりと、いくつかの方法があります。

しかし、こうした対策をしても相続税がゼロにならない場合、**富裕層は「生前贈与」で相続税の負担を減らそう**と考えます。

なぜ生前贈与が相続税対策になるのかというと、相続税の対象となる遺産を直接減らせるからです。たとえば被相続人の土地を生前贈与しておけば、その土地を相続税の対象から外すことができます。

ここで理解しておかなければならないのが、生前贈与をすると、「贈与税」がかかるということです。生前贈与は、あげた人(贈与者)と、もらった人(受贈者)の合意で成り立つものですが、生前贈与をすると受贈者に贈与税がかかります。

贈与税の原則的なルールである「暦年《れきねん》課税」は、「年間110万円を超える贈与」に対して10～55%の税率で贈与税がかかるのが基本ルールです。

毎年1月1日から12月31日に贈与を受けた金額を集計し、110万円を差し引いたうえで贈与税を計算します。

したがって、**「年間110万円」を超えなければ、贈与税はかかりません。**

富裕層はこのしくみを利用して、贈与税をかけずに財産を子孫に移転させています。たとえば「子ども3人に110万円ずつ贈与する」という条件で、10年にわたり毎年、生前贈与をしたとしましょう。すると、理論上は計3300万円までの財産を贈与税ゼロで子に移転でき、相続税の節税効果を得られます。

というわけで、**富裕層の間では「年間110万円以内の生前贈与」が相続税対策の王道**として浸透しているのです。

ただし、2023年度の税制改正を受けて、相続開始前7年の生前贈与は、相続税の計算にとり込まれることになりました。つまり、亡くなる8年前までに生前贈与をしておかなければ相続税の節税につながらないということです。

これを受けて、今後は富裕層の家庭では、もしかしたらお小遣いが少なくなるのかもしれません。あるいは、「早めに贈与をしておかないと」という気持ちが高まり、むしろ積極的にお小遣いを渡そうと考える富裕層も出てくることでしょう。

習慣

26 富裕層は家族の住宅取得を支援する

家族の自宅購入は節税のチャンス

富裕層の家庭では、両親や祖父母に家を買ってもらうケースが少なくありません。具体的には家を買うときにかかる頭金を、1000万円ほど援助してもらっているのです。

私が住宅を購入したときは、実家の経済環境から援助は受けられませんでしたが、可能であればこの方法は使いたかったです。

不動産流通経営協会の2022年の調査によると、親から贈与を受けた世帯の割合は、住宅購入者全体の14・2%でした。

また、贈与金の平均額は、新築の場合で998万2000円、中古住宅は662万

住宅購入資金を「親から贈与された」世帯主の年齢と金額

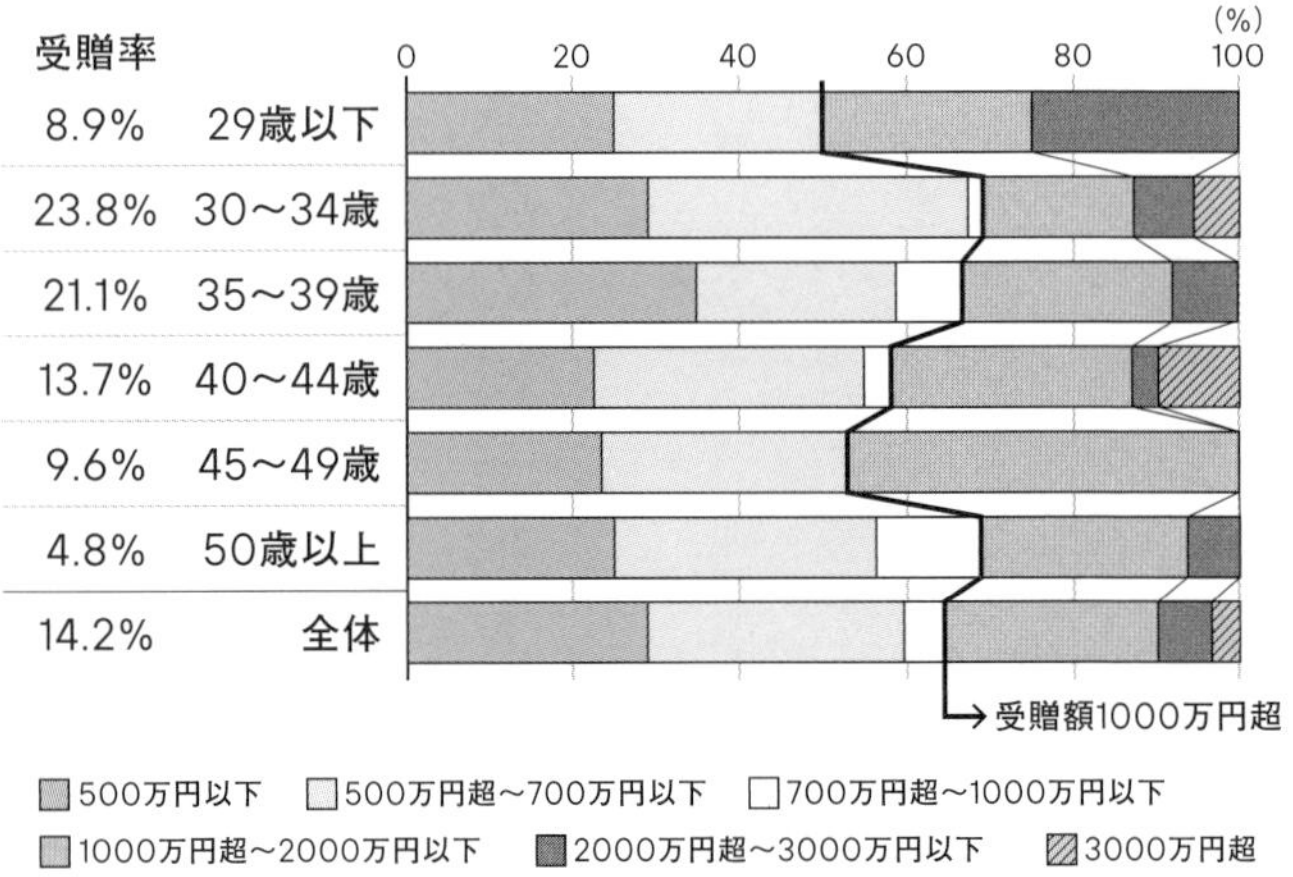

出典：第27回不動産流通業に関する消費者動向調査（2022年度）調査結果報告書（概要版）

２０００円。親からの贈与が１０００万円を超えた人の割合は、全体の35・５%という結果が出ています。

この結果を見ると、少なくない人が親から生前贈与を受けたことがわかります。また、贈与額から、**おもに富裕層の家庭で多額の資金援助が行われている**と想像します。

ここで気になるのが贈与税の問題ですが、実は「住宅取得等資金の贈与の特例」を使うことで、かなりの贈与税を抑えることができます。

住宅の新築や購入、増改築のタイミングで贈与を受ければ、以下のとおり非課税枠が設けられているのです。

非課税枠は税制改正により変動しますが、２０２２年1月1日から２０２３年12月31日までに贈与を受けた場合、省エネ住宅などの高品質な住宅は１０００万円まで、そのほかの一般住宅は５００万円までが非課税です。

なお、相続直前の生前贈与は、相続税の課税価格にとり込まれることを前述しましたが、「住宅取得等資金の贈与の特例」を使った生前贈与には適用されません。したがって、富裕層にとってかなり使い勝手のよい制度といえるでしょう。

注意したい「住宅取得等資金の贈与の特例」の条件

☑ 贈与を受けた年の受贈者の合計所得金額が２０００万円以下（新築等の住宅用の家屋の床面積が40平方メートル以上50平方メートル未満の場合は、１０００万円以下）であること

☑ 贈与を受けた年の翌年３月15日までに住宅取得等資金の全額を充てて住宅用の家屋の新築等をすること

☑ 贈与を受けた年の翌年３月15日までにその家屋に住むこと（遅れる事情がある場合でも、必ず翌年12月31日までに居住しなくてはいけない）

☑ 物件の登記上の床面積が50㎡以上２４０㎡以下であること

「結婚20周年記念に家をプレゼントする」というのも富裕層の場合はおかしな話ではありません。

なぜなら、贈与税の特例のなかに、婚姻期間が20年以上の夫婦だけに認められているものがあるからです。

この特例は**通称「おしどり贈与」**と呼ばれています。おしどり贈与を使えば、もともとある基礎控除の110万円に加えて、最高2000万円の配偶者控除が使えます。

つまり、合計2110万円までは贈与税ゼロでもらえるということです。

「おしどり贈与」の3つの条件

☑ 夫婦の婚姻期間が20年を過ぎた後に贈与が行われた

☑ 贈与財産が「居住用不動産」または「居住用不動産の取得資金」である

☑ 贈与を受けた翌年3月15日までに、取得した居住用不動産(国内に所在するものに限る)に住み、その後も住み続ける見込みがあるここで注目したいのが2つ目の条件、贈与財産が「居住用不動産」または「居住用不動産の取得資金」であるという点です。

前述の「住宅取得等資金の贈与の特例」の場合、あくまでも資金の贈与でなければ使えません。でも、おしどり贈与であれば、不動産をそのまま贈与するときにも使えるのです。

たとえば、夫が妻に対して、「自分が死んだ後も、妻が確実に住み続けられるようにしたい」と考えたとしましょう。このとき、実際に亡くなるまで待っていると、遺産争いの結果、妻が家を追い出される可能性はゼロではありません。

でも、生前贈与であれば、あげる人ともらう人の同意があれば成立しますから、あげる人の意思を実現しやすくなります。

おしどり贈与は、基本的に一生に一度しか使えない特例なので、ここぞというときに活用したいものです。

私にとってはまだ縁のない制度ですが、まずはきちんと結婚20周年を迎えられるよう、家族円満を心がけたいと思います。

習慣

27

富裕層は教育費に糸目をつけない

お金の格差を感じた大学時代

これまでに私が富裕層との違いをもっとも感じたのが、教育に関するものでした。

再三触れているように、私は母子家庭に育ちましたが、正確には私が中学3年生のときに両親が離婚をしてから母子家庭となりました。

それからは弟と妹とともに母のもとで育ったのですが、高校が公立校だったこともあり、あまり周囲の人との格差を感じることはありませんでした。

しかし、大学に入ってから、私はようやく〝お金にまつわる格差〟というものを実感させられることになります。

大学入試で第一志望の国立大学に落ちた私は、福岡市内の私立大学に入学することになりました。しかも、大学まで遠く、実家を離れて生活をすることになったのです。

私立大学に通えるような家庭環境ではなかったので、奨学金を借りなくてはいけません。私が借りたのは、日本育英会（現・日本学生支援機構）の奨学金で、**その額は毎月16万円。**

その一部は有利子だったことから、**卒業時には1000万円ほどの「借金」に膨れ上がる**計算です。この奨学金は、大学卒業後、母と一緒に返済を続けることになりました。

これだけの奨学金を背負った人は、同じ大学でもあまりいなかったと思います。私の通った大学は中高一貫校の併設校であり、中学校からずっと私立校に通ってきたお金持ちの子たちが少なくなかったのです。

大学3年生になったときのこと、友人の1人が、「オレ、就職留年するよ」と突然いい出しました。

私たちは2004年に卒業予定だったのですが、当時は「戦後はじまって以来の就職氷河期」などと呼ばれていたため、友人は状況がマシになるまで大学生でいようと判断したのです。

大学の卒業が1年延びるわけですが、学費は親が出してくれるといいます。奨学金で大学に通っていた私にとっては、そのような選択肢があること自体が驚きでした。就職留年をすれば学費が余計にかかるうえ、就職していたら得られたはずの収入も捨てることになるわけですから。

当時の私は、奨学金返済のためにも公務員試験を受けることを決めていたのですが、これに失敗すれば、かなり厳しい状況になることはわかっていました。

とはいえ、同級生たちのように公務員予備校とのダブルスクールは不可能です。そこで、教材を買って独学で、大学の図書館を使って勉強をしました。そして、無事に公務員試験に合格することができて、新卒で東京国税局の国税専門官として社会に出ました。

今にして思えば、同級生たちとの格差を感じたからこそ、私は試験勉強を頑張れたのかもしれません。就職留年する同級生たちよりも1年先に大学を卒業し、収入を得れば、奨学金の1000万円には届かないとしても、格差が縮まると思ったのです。

とはいえ、かなりリスクの高い賭けであったことは否定できません。

やはり、**まだ社会のこともわからない10代で多額の奨学金の返済義務を背負わざるを得ない状況は、社会的な問題**だと思います。

お金を借りることの意味やしくみを理解したうえで、奨学金の利用を検討するのが、あるべき姿ではないでしょうか。

ようやく日本でも2022年4月から高校で金融教育が導入されましたから、奨学金についても正しく活用できる若者が増えることを期待しています。

富裕層の家系は高学歴・大手企業勤務が多い

再び富裕層の話に戻しましょう。

富裕層の家庭では、親よりも子の学歴が高いケースがよく見られます。

たとえば中小企業を立ち上げて財を成した父親は高卒で、その息子や孫は有名大学を卒業して、大手企業に勤めているといったケースです。

なぜそんなことがわかるかというと、相続税調査のときに、家族の学歴が話題になることがあるからです。

「あなたの学歴を教えてください」などとストレートに尋ねるわけではないのですが、家族構成を確認するときに、子や孫の学歴を誇らしげに話されることがあるのです。


親の収入と子どもの学歴は比例する傾向があるといわれます。

東京大学が実施した「2020年度学生生活実態調査」では、東大の学生の親の42・5％は平均世帯年収が1050万円以上という結果が出ています。

日本人の平均年収が400万円台であることを考えると、子どもを東大に入学させる親が高収入であることは間違いありません。

総務省の家計調査を見ても、**富裕層になるほど教育費に多くのお金を支払っていること**がわかります。


教育に力を入れることは、投資の観点からも理にかなっています。

「ユースフル労働統計2021」によると、高卒の男性の生涯賃金が約2億6000万円であるのに対して、大卒・大学院卒の場合は約3億3000万円となっています。つまり、

年収ごとの支出構成

費目	総数	第Ⅰ階級	第Ⅱ階級	第Ⅲ階級	第Ⅳ階級	第Ⅴ階級
食料	1.00	1.15	1.07	1.05	0.97	0.89
住居	1.00	1.65	1.41	0.93	0.76	0.71
光熱・水道	1.00	1.28	1.12	1.06	0.95	0.81
家具・家事用品	1.00	1.01	0.98	1.02	1.00	1.00
被服及び履物	1.00	0.88	0.89	0.98	1.00	1.12
保健医療	1.00	1.14	1.07	1.02	0.94	0.93
交通・通信	1.00	0.99	1.11	1.11	0.96	0.90
教育	1.00	0.61	0.77	0.87	**1.21**	**1.23**
教養娯楽	1.00	0.83	0.91	1.00	1.07	1.07
その他の消費支出	1.00	0.78	0.84	0.92	1.05	1.20

生活必需品に特化

選択品に特化

（注）特化係数＝各階級の費目別構成比／総数の費目別構成比　出典：家計調査（総務省）
収入の低いほうから順次第Ⅰ、第Ⅱ、第Ⅲ、第Ⅳ、第Ⅴ分位階級という（2018年、特化係数）

単純に考えれば、大学・大学院に通うことで7000万円ほど収入を増やせる可能性があります。

富裕層は高学歴な人も多く、**教育費が意味のある支出であることを理解**しています。また、富裕層同士の人間関係では、家族の学歴が比較対象になりがちです。だからこそ、一般家庭に比べて多くの教育費をかけようとするのです。

また、子や孫にお金を残すよりも、教育費をかけて「稼げる人」にするほうが、税金上も有効です。

ごく単純化した比較になりますが、次の2つの例を比べてみましょう。

学歴別の男性の生涯賃金

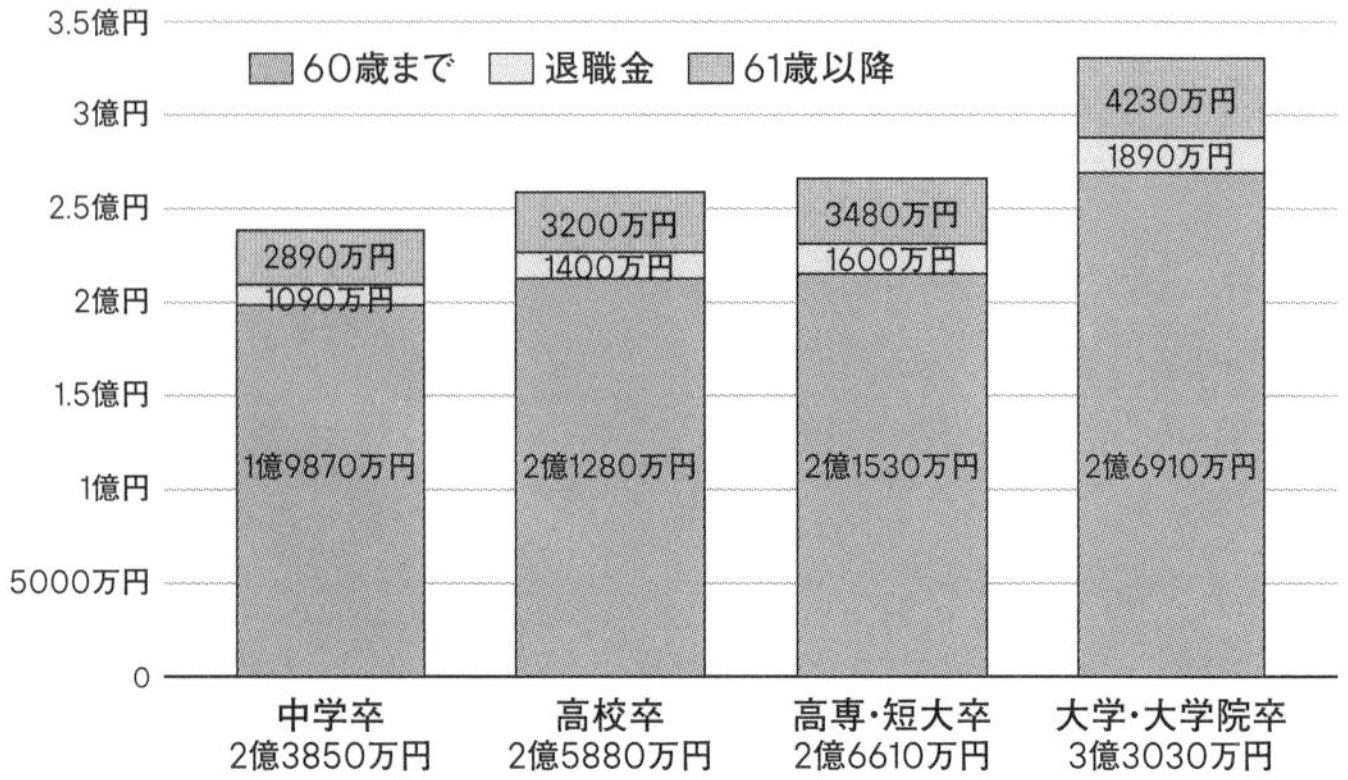

注:卒業後ただちに就職、60歳で退職するまでフルタイムの正社員を続け退職金を得て、その後は平均引退年齢までフルタイムの非正社員を続ける場合で比較

出典:ユースフル労働統計 2021

①教育費をかけない代わりに、子どもに財産2億円を残した。

②子どもに3000万円の教育費をかけて、財産1億7000万円を残した。

これを比べると、①よりも②のほうが、相続税がかかる財産が少なくなりますね。

しかも、教育費をかけたことで、子どもが高収入を得られる可能性は高まったはずですが、そのことは相続税の計算に影響しません。

よく、**「遺産は三代続けばなくなる」**といわれますが、たしかに相続税の税率を踏まえると、遺産をそのまま三代続けてもたせるのは困難なことです。

もしも子孫が稼げない人間に育ってしまえ

ば、あとはひたすら遺産を食い潰すだけですから、富裕層はそうならないように意識しています。

私は今まさに3人の息子の教育費の問題に直面しています。

教育費は際限がないので、高い塾代を払うよりも、投資に回したほうがいいのでは、という気持ちが頭をよぎることがあります。

でも、自分自身の経験や富裕層の行動を思い返し、**「教育こそ最大の投資」**と考えるようにして、いくらか無理をしながら塾や習い事のためにお金を払っています。

子どもに迷惑をかけないために老後資金を準備しておくことは大切です。でも、それ以上に、子どもに教育という形でお金や時間を投じることこそが、親の最大の務めだと私は思っています。

習慣

28 富裕層は遺産争いを絶対に避ける

遺産争いは富裕層より一般家庭が多い

「富裕層の相続」というと、多額の遺産をめぐって骨肉の争いが繰り広げられるイメージはないでしょうか？

たとえば山崎豊子原作でドラマ化された『女系家族』では、巨額の遺産をめぐり親族が壮絶な争いを繰り広げる様子が描かれています。

富裕層の相続は一般の人には馴染みのないものなので、いろいろな想像がかき立てられます。しかし、**実際のところ、そうした遺産争いは極めて少ない**です。

令和3（2021）年度の司法統計に、家庭裁判所にもち込まれた遺産分割事件のデータがあります。

これを見ると、遺産額5000万円以下の事件件数が全体の約77%を占めています。そして、遺産争いの対象が1億円を超えるケースは7%程度にとどまっています。

ここからわかるのは、**実は遺産の金額が少ないほうが、遺産争いしやすい**ということです。

「金持ち喧嘩せず」といいますが、富裕層の場合、やはり潤沢な遺産があるがゆえに、相続人同士で合意を得やすくなります。しかし、遺産が少ない家庭の場合、限られた財産をめぐって遺産争いが起きやすい構造があるのです。

たとえば、遺産が実家の土地・家屋だけの場合、そこに住みたい相続人と、換金してキャッシュを得たい相続人の間で揉める可能性が高いわけです。

また、富裕層は、早い段階から専門家に相談して遺言書を残したり、生前贈与をしたりと、遺産争いを未然に防ごうとする傾向が強いです。遺産争いが起きると、分割協議がまとまるまで遺産を使うことができず、相続人全員が困ることになりかねません。

また、前述した「小規模宅地等の特例」（201ページ参照）をはじめ、相続税の節税効果が高い制度が、遺産分割協議がまとまるまで使えないという問題もあります。

なにより、ひとたび家族の仲がこじれてしまうと、修復は困難です。そのようなデメリットを考えれば、遺産争いを避けようとする富裕層は合理的だといえます。

ただし、そんな富裕層もひとたび揉めると、激しい遺産争いになります。

私が経験した案件で、**多額の財産を残して亡くなった男性が、亡くなる数年前に離婚と再婚をしていた**ケースがありました。

このような場合、財産分与や慰謝料などの状況を調べるために、調停や裁判の記録を見ることがあります。

そうした記録からわかったのは、「前妻と実子」「後妻と連れ子」の2つのグループが壮絶な遺産争いを繰り広げたことでした。

後妻側は、「前妻が勝手に亡くなった被相続人の家に入り、財産をもち出した」と主張し、前妻側は「そんなものは、はじめからなかった」と主張します。別の裁判では、前妻から後妻に対して慰謝料の請求もされていました。

ここまでのシビアな状況になると、もはや当事者同士で解決できるものではありません。弁護士を入れて、法廷の場で結論を出すほかなくなります。

ともに生きてきた家族が、相続を機に争うことは絶対に避けるべきです。いくら大きな遺産を手にしたとしても、その後の関係に禍根を残すとしたら幸福とはいえません。

そのような事態にならないためにも、できるだけ両親が生きているうちに、相続の話し合いをしておきたいものです。

なかなか切り出しにくいテーマではありますが、**正月やお盆など家族が集まったタイミングで、腹を割って話をする機会をもつ**ことをおすすめします。

習慣

29 富裕層は自分の人生の最期を自分で考える

入居費用が「億」を超える老人ホーム

子どもに教育費をかけ、社会に送り出した後、富裕層の多くは夫婦や単身での生活になります。

たとえ十分に二世帯住宅にできる広さの土地があっても、家族と暮らすケースは多くありません。子どもたちが自立して結婚すると、つかず離れずの距離感を保とうとする傾向があるのです。

そうして、富裕層のなかには、**「終の住まいは高級老人ホームで」**と考える人が出てきます。少子高齢化のなか、日本では有料老人ホームが増え続けており、食事や家事、介護、

有料老人ホームの「入居定員」と「施設数」

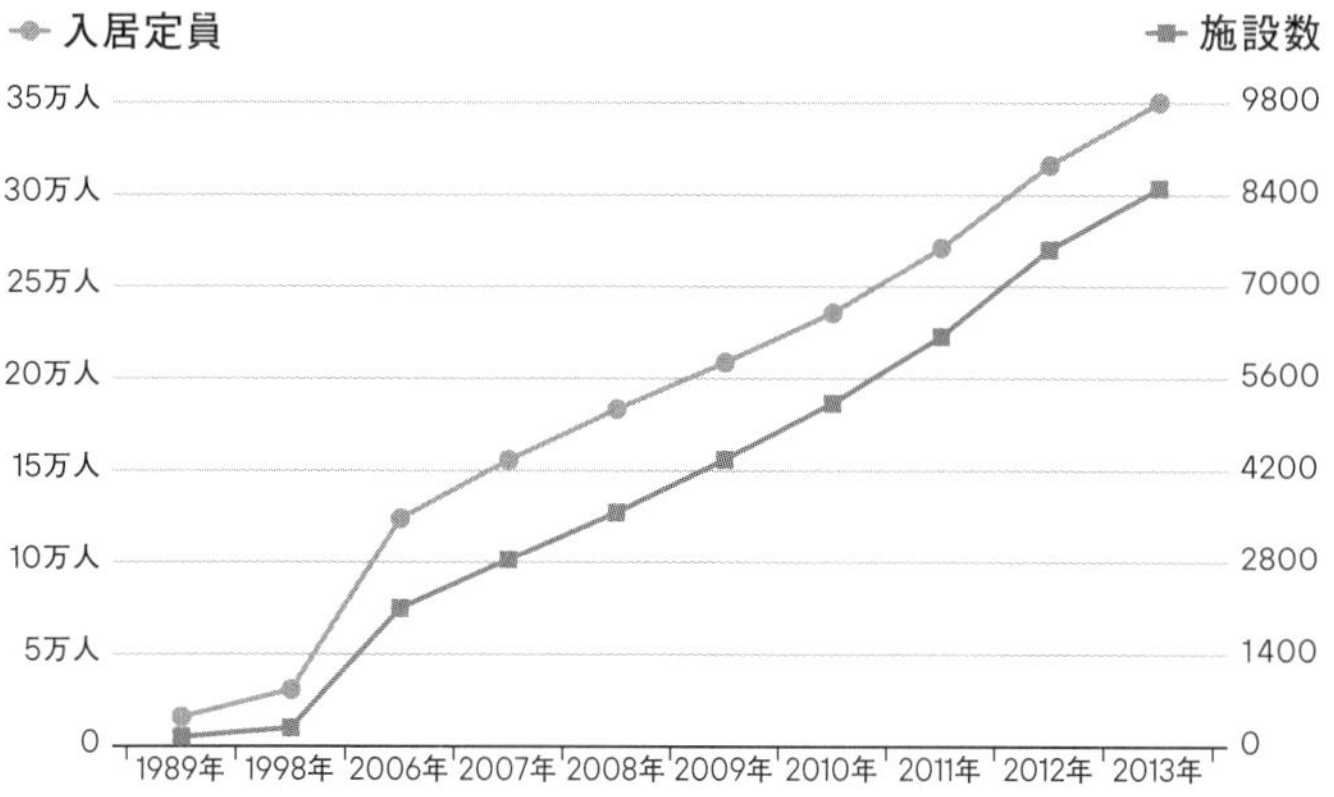

出典：厚生労働省

医療やレクリエーションなど、さまざまなサービスを提供しています。

老人ホームのなかには、入居一時金のかからない**「特別養護老人ホーム」**や、比較的低額で利用できる**「グループホーム」**などさまざまなタイプがあります。

富裕層がよく利用しているのが、**「介護つき有料老人ホーム」**です。介護つき有料老人ホームは民間企業が運営しており、豪華な共有スペースや、食事などにこだわっているのが特徴です。

入居にあたって必要な費用は施設によって異なりますが、富裕層をターゲットとする施設では1億円を下りません。

高級感が伝わる介護つき高級老人ホーム「サクラビア成城」のホームページ

https://www.sacravia.co.jp/

たとえば東京都世田谷区の高級住宅街にある「サクラビア成城」は、**もっとも料金の低い居室タイプでも前払金が１億１９１０万円～１億４０１０万円**に設定されています。

この金額は、50・89㎡の居室を1人で利用する場合です。

105㎡の居室を2人で利用する場合は、前払金として2億7670万円～3億6700万円を支払う設定です。

このほかに月々の食事代や管理費用なども必要で、サクラビア成城では1か月あたりの生活費として1人入居の場合は33万455円、2人入居の場合は57万3005円を見積もっています。

これだけの高価格帯であるにもかかわらず、サクラビア成城には、10年後、20年後の入居を待つ待機会員が30人以上いるそうです。

金額を見てわかるように、高級な介護つき老人ホームは一般の人が利用できる価格帯ではありません。富裕層のなかでも、限られた人だけが入居できる施設になっているといえるでしょう。

高級老人ホームに入る富裕層の心理

私が税務職員の頃に不思議に感じたのが、高級老人ホームに入る富裕層の心理でした。相続税調査の回数を重ねて、富裕層は質素倹約を重視すると考えていただけに、いくらサービスが優れているとはいえ多額の入居金を払って高級老人ホームに入ることに違和感を覚えたのです。

相続税調査のときに老人ホームのことが話題に上ったことがあります。

夫婦で高級老人ホームに入り、夫に先立たれた女性に話を聞いていたのですが、「本当は自宅に最期までいたかったけれど、もう私1人だし、子どもたちに迷惑はかけられないから」と話していました。

まずは、このような気持ちが老人ホームに入居する理由の1つなのだと思います。

富裕層の家は広いですが、親子で同居するケースは少ないです。多くの場合、妻が1人残されることになります。

そして起きがちなのが、「話し相手がいない」という状況です。富裕層の家は広いため、1人暮らしだと孤独はいっそう際立ちます。ペットを飼う富裕層が多いのにも、こうした理由があるのかもしれません。

そのようなことが相続税調査のときに垣間見えたことがありました。

相続税調査のスタイルは職員によって違いますが、私は徹底的に聞き役に回ることを意識していました。

「いきなり本題に入るのは三流。まずは警戒させずに話をしてもらうのが大事」と上司や先輩から教わったからです。

そのため私は、税務調査の当日、午前中いっぱいの時間をかけて相続人である女性からひたすら話を聞きました。生い立ちや、仕事の変遷など、亡くなった被相続人の人生をたどりながら、いろいろな話を聞いたのです。

すると女性が涙を浮かべ、「こんなことを人に話すのは久しぶり」といいながら、夫婦のなれそめや苦労話などを明かしてくれたこともありました。

そこで私が感じたのが、**生活にはなに不自由ない富裕層であっても、話し相手を求めているのではないか**、ということでした。

あるいは、富裕層だからこそ孤独な状況にあるという見方もできるかもしれません。

私が調査した人のなかには、「昔の知り合いとは話が合わなくなった」と語る人が何人かいました。「お金持ちは、お金持ちとばかりつき合う」という話がありますが、やはり価値観の合う人と一緒の時間を過ごしたいのが人情なのでしょう。

しかし、仕事を離れれば、それまでの人間関係がなくなってしまうこともあると思います。さらに、高齢になって周りの友人が減っていくと、ますます人づき合いは少なくなってきます。

だからこそ、**富裕層が似た状況の人たちの集まる高級老人ホームを利用するというのは、なんとなく理解できる**のです。

努力をして富裕層になり、富裕層として静かに生涯をまっとうする。そのために、富裕層は人生の最期に大きな買い物をするのかもしれません。

富裕層に限らず、誰しもがいずれ人生の終わりを迎えます。そのときをどのようにして過ごしたいかは、できるだけ具体的に思い描いておきたいものです。

そうしたイメージをもつことは、今の生き方を考えるうえでも役立ちます。

幸せな人生の終わりを真剣に考えれば、仕事や投資などに、より積極的にとり組もうという気になるのではないでしょうか。

また、周囲の人とのつき合いや時間の使い方などを考え直すきっかけにもなります。もちろん、答えは1つではありませんが、まずは考えてみることが大切なのだと思います。

コラム

4 富裕層は家族の人数が多い

富裕層は、家族が多い傾向があります。令和元(2019)年度の相続税の統計を見ると、法定相続人2~3人のゾーンに相続税対象者が集中しています。多くの場合は、「配偶者と子2人」の構成と考えられます。

課税価格100億円超の超富裕層で8人の法定相続人がいる人もいました。単純計算すれば1人あたり12億円ほどの相続財産になるので、相当な資産家です。

2022年に東京大学の研究チームが発表した「我が国における子どもの数と学歴・収入の関係」によると、**男性の場合、高学歴・高収入であるほど子どもをもつ割合が多く**なっています。そう考えると、富裕層に家族が多いのもうなずけます。

このような結果は、子育て中の私には心強く感じられます。

法定相続人別の被相続人数

課税価格階級＼人数	課税状況											
	法定相続人員別被相続人数											
	0人	1人	2人	3人	4人	5人	6人	7人	8人	9人	10人	10人超
5000万円以下	159	3,698	5,527	1,582	40	17	5	3	–	1	1	–
5000万円超	260	7,681	19,370	20,724	7,890	1,739	523	211	105	41	23	5
1 億円 〃	137	3,233	8,191	9,995	5,383	1,555	542	311	186	120	89	173
2 億円 〃	33	599	1,823	2,685	1,648	551	162	87	42	35	30	47
3 億円 〃	19	293	970	1,616	1,131	380	134	44	25	19	8	23
5 億円 〃	6	83	303	485	358	108	44	19	10	3	4	5
7 億円 〃	–	45	156	298	195	87	28	12	6	5	1	2
10億円 〃	2	17	109	194	188	62	16	5	4	1	1	1
20億円 〃	1	9	23	39	35	12	6	1	–	–	–	–
30億円 〃	–	2	7	12	10	11	2	–	–	–	1	–
50億円 〃	–	–	–	5	6	1	–	1	–	–	–	–
70億円 〃	–	–	3	2	3	1	–	–	–	–	–	–
100億円 〃	–	1	2	5	5	3	–	–	1	–	–	–
合計	617	15,931	36,484	37,642	16,892	4,527	1,462	694	379	225	158	256

出典：国税庁

日本の税制は家族がいることで、さまざまな節税法が使えるように設計されています。所得税であれば、配偶者控除や配偶者特別控除、扶養控除などがあり、家族の構成によって税負担が下がるしくみになっています。相続税については法定相続人が1人増えるごとに、相続税の基礎控除や死亡保険金・死亡退職金の非課税枠が増えていきます。

また、相続税の節税効果が非常に大きい「配偶者の税額軽減（配偶者控除）」も、押さえておきたいルールです。

たとえば一家の大黒柱の夫が亡くなり、専業主婦の妻が財産の多くを相続する場合、相続税が不安になると思いますが、実は相続税があまりかかりません。

日本の法律では、たとえ夫の財産であっても、夫婦が共同して財産を形成したという考え方があります。また、生活をともにしている妻の生活保障のためにも、ほかの相続人よりも配偶者は優遇されているのです。

配偶者控除は、**配偶者が相続する財産が「1億6000万円」もしくは「法定相続割合に応じた金額」に収まれば、なんと相続税がゼロになる**というものです。

201ページで説明した「小規模宅地等の特例」も、配偶者が相続する場合は特別な条件なく利用できますから、これらの制度を合わせて使うと、かなりの節税ができます。

相続税のルールは複雑ですが、家族が多ければ、こうした特例などを活用してさまざまな節税をすることが可能です。

本書では相続税の細かいルールには踏み込みませんでしたが、家族全体の問題として捉えることが有効です。

相続税に強い税理士に相談したうえで、早めに対策を考えるようにしましょう。

おわりに

私が目のあたりにした富裕層のリアルについて、さまざまな側面から解説してきましたが、最後までお読みいただき、ありがとうございます。

意外な事実もあったと思いますが、きっと、「自分とそんなに違わないかも」と思った人も多いのではないでしょうか？

私は税務調査で富裕層の「お金」と「相続」のリアルを知ったことにより、お金持ちと自分を比較して思い悩むことはなくなりました。

というのも、東京国税局に採用されるまでの私は、母子家庭という経済的にあまり恵まれない環境で育ったことから、テレビなどでお金持ちを見るたび、自分との違いに失望していたところがあったのです。

自分のように母子家庭の育ちで、特別な才能をもたない人間は、一生お金持ちとは縁がないと思い込んでいたのです。

でも、そのようなお金持ちに対するイメージは幻想でしかないことがわかりました。本書でお伝えしてきたように、億単位の資産をもつ富裕層も、元はといえば普通の人たちです。仕事や投資など、誰もができる地道な行動を積み重ねて、資産を築いた人が大半なのです。

富裕層になれるかどうかは、必ずしも生まれつきではなく、自分自身の行動次第です。国税職員という世間一般的には安定した職業と見られる公務員を辞めて、フリーライターとして独立し、各界の成功者を取材する機会を得たことから、そうした気持ちは確信に変わりました。

私もそうだったのでわかるのですが、人生で問題を抱えている人は、想像上の他人と自分を比較して勝手に苦しんでいます。

でも、そうした比較にあまり意味はありません。

本書で伝えた富裕層の習慣は、誰でもできることばかりですから、あとは自分の行動に活かすかどうかだけです。

私自身もまだ至らない点は多々ありますが、少しでも富裕層の習慣をとり入れ、自分と家族を望ましい未来に近づけていきたいと思っています。


最後になりますが、本書の執筆にあたり、相続税申告を多く扱う2人の税理士の方にインタビューをさせていただきました。

アクセス税理士・不動産鑑定士事務所の植崎紳矢先生、元国税調査官の石井聡先生に、この場を借りて御礼を申し上げます。

本書をきっかけにして、少しでも多くの方の人生がよりよいものになるように願ってやみません。

小林義崇

2023年1月吉日

［著者］
小林義崇（こばやし・よしたか）
1981年福岡県生まれ。西南学院大学商学部卒業。2004年東京国税局の国税専門官として採用され、都内の税務署、東京国税局、東京国税不服審判所において、相続税の調査や所得税の確定申告対応、不服審査業務等に従事。2年連続で東京国税局長より功績者表彰を受ける。2017年7月東京国税局を退局し、フリーライターに転身。マネージャンルを中心に書籍や雑誌、ウェブメディアにて執筆。朝日新聞社運営のサイト「相続会議」をはじめ、連載記事多数。2021年9月に一般社団法人かぶきライフサポートの理事に就任し、相続に関する問題の解決をサポートする活動を行っている。

元国税専門官がこっそり教える
あなたの隣の億万長者
——富裕層に学んだ一生お金に困らない29の習慣

2023年２月７日　第１刷発行
2023年２月22日　第２刷発行

著　者——小林義崇
発行所——ダイヤモンド社
〒150-8409　東京都渋谷区神宮前6-12-17
https://www.diamond.co.jp/
電話／03･5778･7233（編集）　03･5778･7240（販売）

ブックデザイン—三森健太(JUNGLE)
校正————鷗来堂
製作進行——ダイヤモンド・グラフィック社
印刷・製本—三松堂
編集担当——斎藤順

ISBN 978-4-478-11651-7